LES FRANÇAIS
A
TUNIS

8° O3i 778

55028

ÉVREUX, IMPRIMERIE DE CHARLES HÉRISSEY

PIERRE GIFFARD

LES FRANÇAIS

A

TUNIS

259 8

PARIS
VICTOR HAVARD, ÉDITEUR
175, BOULEVARD SAINT-GERMAIN, 175

1881

Tous droits de traduction et de reproduction réservés

A

M. FRANCIS MAGNARD

Rédacteur en chef du *Figaro*.

Son dévoué collaborateur

PIERRE GIFFARD

NOTE DE L'ÉDITEUR

Ce livre n'est point un livre d'histoire.

Ce n'est point un procès-verbal des opérations militaires qui se poursuivent encore à cette heure sur le territoire tunisien.

Encore moins un ouvrage didactique, ethnologique, géographique ou statistique.

C'est un recueil d'impressions de voyage, rendues avec une véritable intensité de vie, et un sentiment réel des lieux et du pays.

L'auteur fut envoyé deux fois de suite à Tunis, d'abord pour y étudier la question italienne, qui donna naissance à l'expédition des Kroumirs, ensuite pour y suivre la campagne des escadres françaises sur la côte orientale.

Il y fut envoyé par le journal Le Figaro, *qu'on sait toujours prêt à dépêcher l'un de ses rédacteurs à la poursuite de l'actualité, à quelque distance qu'elle se cache.*

Tout en adressant au Figaro *des dépêches et des articles auxquels le public s'intéressa vivement, l'auteur recueillait jour par jour les chapitres qui forment ce volume.*

Dans les colonnes d'un journal, il ne pouvait tout dire. Il a cru que ce livre, rempli de détails sur les Français à Tunis, sur les mœurs étranges de cette cité séculaire, si originale et si nouvelle pour nous, intéresserait le public.

Nous sommes fermement convaincu qu'il a eu raison, et nous nous permettons d'appeler l'attention du lecteur sur cet ouvrage plein d'humour et de profonde observation.

V. H.

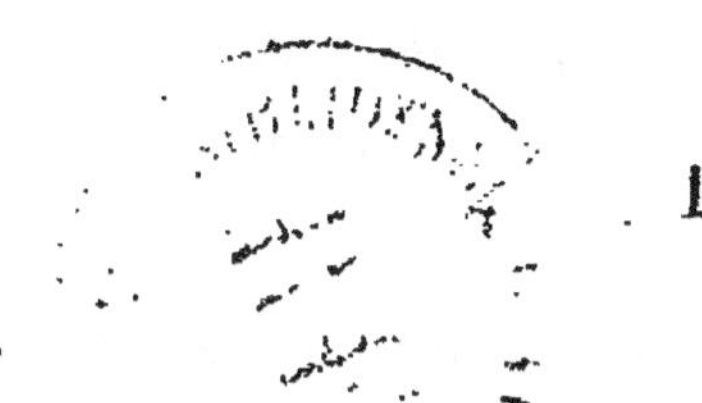

I

Les paquebots de Marseille à la côte d'Afrique. — Compliments à la Compagnie transatlantique. — Le revers de la médaille. — Malédictions des passagers. — Désordres réparables. — Tabarka. — Bizerte. — Brûlons Carthage. — Arrivée à la Goulette.

Une ligne postale subventionnée par le gouvernement français relie Marseille à l'Algérie et à la Tunisie.

C'est la Compagnie transatlantique qui s'est chargée de cet important service. Oran, Alger, Bougie, Philippeville, Bône, Bizerte, Tunis, puis Sousse, Sfax et Tripoli, tels sont ses principaux points d'arrivée. De Marseille, ces grands steamers, qui jaugent presque tous 1,800 tonneaux, partent deux ou trois fois par semaine. Ils emportent les lettres et les passagers à destination de Tunis le vendredi, par la voie de Bône. Il y a d'autres départs, mais celui du vendredi est le plus important.

Que le voyageur prenne passage à bord de la *Ville-de-Madrid,* du *Charles-Quint,* du *Kléber* ou de l'*Abd-el-Kader,* sans parler de l'*Isaac-Pereire,* de la *Ville-de-Bône,* de la *Ville-de-Rome*, de la *Ville-de-Barcelone,* de la *Ville-d'Oran* ou du *Moïse,* il se trouvera au mieux, dans ces immenses steamers construits à Glascow, sur les derniers modèles, et taillés pour le comfort aussi bien que pour la vitesse.

Ce ne sont pas tout à fait les *Labrador,* les *Canada,* les *Lafayette,* de la grande ligne du Hâvre à New-York, mais c'est quelque chose d'approchant. Les transatlantiques de New-York et des Antilles n'ont point, par exemple, de salons mieux tenus, de dorures plus astiquées, de chambres plus vastes que ces beaux navires du service postal africain.

A l'arrière, une immense dunette, longue de trente mètres, sert de promenade aux passagers de première et de seconde classe.

On est au mieux sur cette vaste esplanade,

que la grosse mer respecte, alors qu'elle atteint les autres parties du navire. Grâce à la dimension de ces steamers et à la disposition de leur dunette, il est certain que le mal de mer est diminué de vingt-cinq pour cent dans la Méditerranée, pour les passagers des premières classes.

Je veux dire que si cent passagers prennent place à bord de l'*Abd-el-Kader*, par exemple, et que ces cent passagers soient tous sujets au mal de mer, les uns beaucoup, les autres moins, mais *tous* exposés aux redoutables spasmes que personne ne peut prévenir ni guérir, cinquante d'entre eux seront malades en sortant du port si la mer est forte, vingt-cinq autres supporteront la mer quelques heures et succomberont au mal, enfin les vingt-cinq derniers, qui sur des paquebots de moindres dimensions, eussent aussi succombé, dans le même délai, résisteront au mal de mer et franchiront la Méditerranée sans être incommodés. C'est là un résultat que les médecins de bord ont constaté avec moi, et qu'il est bon de signaler.

La Compagnie transatlantique, en faisant construire ces grands bateaux, inconnus jusqu'ici de la Méditerranée, et jalousés par les Compagnies rivales, a fait œuvre de progrès, et facilité aux Français, malheureusement peu voyageurs jusqu'ici, les promenades de l'Algérie et de la Tunisie.

Elle n'a pas de plus fervent adepte que moi — je suis loin hélas, d'être son actionnaire, — et je voudrais voir ses paquebots sillonner toute la grande mer européenne, desservir l'Italie, la Sicile, la Grèce, que les Messageries semblent négliger. N'y a-t-il point place pour tout le monde, sous le soleil ?

Mais c'est précisément parce que je m'intéresse aussi vivement aux progrès des voyages de commerce ou de plaisance, et à tout ce qui peut les améliorer, que je déplore le désordre qui a régné — règne-t-il encore? — dans la Compagnie transatlantique, au cours de cette campagne de Tunisie.

Que de fois avons-nous manqué l'heure du départ, sous prétexte d'embarquement de soldats ou de chevaux ! Que de fois, sous prétexte de transports de fourrages ou de vivres pour l'intendance, ne sommes-nous pas partis du tout ! Et les jours où quatre bateaux d'un seul coup arrivaient à la Goulette, chargés de soldats et de mulets, qui démolissaient les cabines et mettaient le navire sens dessus dessous!

Ils reprenaient la route de Marseille, au détriment des villes de Bizerte, de Bône, de Philippeville, qu'ils eûssent dû desservir ces jours-là, laissant passagers et marchandises se morfondre en les attendant.

Et cet emploi exagéré de la flotte transatlantique pour faire « la petite et la grosse ouvrage », à quels frais de réparations, à quels désastres inattendus — ils le sont toujours — conduira-t-il les actionnaires, après qu'il les aura menés à un dividende illusoire?

Quand je songe qu'on vient de voir à la Goulette un magnifique steamer, tout neuf, plus beau et plus enjolivé encore que les autres, plus grand aussi, qui s'appelle la *Ville-de-Rome,* qui a été commandé à Glascow pour faire le service de l'Italie, et auquel, pour son premier voyage, on a donné six cents hommes de cavalerie avec leurs chevaux et le crotin d'iceux, je me demande si les agents de cette Compagnie ne compromettent pas leur affaire, qui est un peu la nôtre puisqu'elle a une subvention de l'État.

Lorsqu'elle manque un départ ou une arrivée, c'est absolument comme si le train-poste de Marseille négligeait de quitter Paris. Espérons que des temps meilleurs viendront et qu'on pourra enfin aller de Marseille à la Goulette avec la certitude de partir, et d'arriver à l'heure.

J'ai hâte d'être à Tunis, aussi négligerons-nous Bône et la géographie, l'aride géographie de la côte algérienne.

La côte de Tunisie, entre la Calle et la Goulette, est aussi aride et aussi dénudée. Ce sont de longues suites de rochers jaunâtres et rougeâtres, pelés et désolés, sur lesquels on n'a point souvenance d'avoir jamais vu passer des Arabes. Les tribus de la région se tiennent dans l'intérieur des terres et ne se montrent guère qu'à Tabarka. La vue du petit îlot de Tabarka, avec les ruines de son fortin, ne m'inspire guère. C'est là que l'expédition d'avril 1881 a commencé. C'est par le bombardement de Tabarka que les hostilités ont été ouvertes entre la France et les troupes tunisiennes, qui refusaient de rendre le fort (quel fort!) aux Français désireux d'avoir, là, un point d'appui solide pour cerner le pays des Kroumirs.

On passe ensuite devant le golfe abrité de Bizerte, où eut lieu le second débarquement de la campagne, celui de la colonne Bréart, chargée d'aller exiger du bey Mohammed-el-Sadock, le fameux traité.

On sait à la suite de quels incidents inattendus le général Bréart partit pour la Tunisie. Le général Forgemol, chef de l'expédition, dont le nom était déjà célèbre en France un mois après les débuts de la campagne, luttait en vain contre des pluies diluviennes, qui duraient depuis quarante jours. Il ne pouvait avancer que difficilement, dans ce pays sans routes et sans chemins, encombrés de forêts et de broussailles. Le gouvernement de Paris, désireux d'en finir — il espérait en finir ainsi, le gouvernement de Paris. Comme il se trompait! — détacha subrepticement le général Bréart de Lyon, où il commandait, et l'envoya débarquer avec trois mille hommes à Bizerte.

Personne ne connaissait Bizerte. Où était-ce

exactement? Le savait-on à l'état-major? Des marins, heureusement, commandaient les navires, et amenèrent le petit corps d'armée au point indiqué. Le *coup* fut heureux. Ce fut même le seul coup de cette première campagne, dite des Kroumirs.

Pendant que le général Forgemol se débattait aussi contre les ennuis de toute sorte, à lui suscités par M. Farre, l'odieux ministre de la guerre, autant que contre les intempéries de la saison, le général Bréart marchait sur Tunis, s'arrêtait à Kassar-Saïd, pourquoi? ce sera un éternel mystère de la diplomatie du quai d'Orsay, et faisait signer à Mohammed-el-Sadock le traité qu'on avait préparé à Paris.

Je raconterai plus tard l'histoire de la signature de ce traité. C'est une suite d'anecdotes qui sont maintenant de l'histoire, et de l'histoire amusante, ce qui ne gâte rien.

La nuit tombe, Bizerte est déjà loin. Le paquebot double le cap Carthage et passe devant une petit kyrielle de lumières. C'est la Marsa. Plus loin, un autre petit groupe de lumières. C'est Carthage. Nos soldats y campent et y font des feux de cuisine qui paraissent étranges, vus de la haute mer.

On passe enfin devant les navires cuirassés européens, qui stationnent en permanence dans la rade de la Goulette. Leur silhouette noire, épaisse, se dessine sur le fond clair du ciel.

Au milieu d'un calme profond, le commandant fait mouiller l'ancre. On se couche et l'on dort jusqu'au petit jour, car les chaînes du port de la Goulette sont fermées, et le débarquement des vaisseaux de la rade n'a jamais lieu, suivant la coutume orientale, après le coucher du soleil.

Un clapotement sourd contre les parois du navire, un chant monotone de matelot venant du lointain, en réalité un silence immense, solennel, voilà ce qu'on entend avec une surprise mêlée d'un peu de tristesse, la nuit, sur le mouillage de la Goulette.

II

Débarquement. — Arrivée à Tunis. — L'aspect des rues. — Bizarrerie des costumes. — Les femmes tunisiennes. — Soldats du bey. — Gendarmes et capitaines.

Le jour se lève, et amène un vacarne inouï. Ce sont les Maltais et les *Arbis* de toute sorte, qui viennent à la pointe de l'aube, montés sur de vieilles barques, pour chercher le passager et le débarquer à terre. Car la Goulette, qu'on appelle improprement le port de Tunis, n'en est que la rade assez éloignée. Dans le port, les barques de la plus petite dimension peuvent à peine accoster. C'est au mouillage qu'il faut prendre le visiteur.

On n'a pas idée de la lenteur avec laquelle s'opère ce déménagement des colis humains.

Les drogmans viennent à bord du paquebot et sollicitent les voyageurs pour les conduire à l'hotêl, les promener dans la ville. Les bateliers se disputent. Enfin, la formalité de la Santé remplie, — le service de santé est italien, pourquoi? — on part dans leur mauvaise balancelle. Il y a mille mètres à faire à la rame.

C'est trois francs, prix fait depuis longtemps comme celui des petits pâtés, et je le trouve excessif. Ce doit être quelque vieil impôt établi par quelque riche voleur tunisien sur les *roumis* voyageurs.

La première impression que ressent le Français, en débarquant à la Goulette, est des plus vives. Elle n'est pas précisément enchanteresse, mais elle frappe fort. On sent qu'on ne l'oubliera jamais. C'est que la Tunisie est restée le pays arabe dans toute sa lumineuse pauvreté.

Alors que l'Algérie s'est francisée au point de n'avoir plus que de rares villes entièrement arabes, la Tunisie n'a pas encore été touchée par la transformation européenne, ou du moins Tunis l'a été si peu, que ce n'est guère la peine d'en parler.

Dès la Goulette, la misère musulmane vous entoure. Le long des maisons bâties çà et là, dans les quelques rues de la bourgade, on voit accroupies des formes humaines. Ce sont des blocs enfarinés, qui ne disent guère autre chose que celui de la fable. On les peut prendre également pour des sacs de pommes de terre. Pourtant, des burnous troués, salis, tachés, rapiécés émerge une tête brûlée par le soleil, couverte d'une barbe grise et illuminée par deux yeux qui s'éteignent quand le voyageur, objet de curiosité passagère, a poursuivi sa route.

Ces files d'Arabes aux turbans fanés se chauffent au soleil, pendant que les forçats enchaînés balayent la rue, sous la direction d'un soldat du Bey, pauvre comme Job et plus enchaîné à la misère que les galériens qu'il surveille. Deux ou trois Abyssiniens ont le courage de se lever et de mendier quelque monnaie de cuivre. Ce sont les hardis de la situation. Les indigènes sont ceux qui se laissent vivre au pied des murs, les yeux dans le ciel bleu et la cigarette aux lèvres.

On sent, avant même d'arriver à Tunis, qu'on a mis le pied sur un coin de la terre où l'Islamisme a été si vivant, si ombrageux, si intense, qu'il se donne aujourd'hui un mal infini pour succomber devant la civilisation.

L'arrivée dans la ville, après une longue demi-heure de trajet en chemin de fer autour du lac El-Bahira, confirme la première impression ressentie à la Goulette.

Maisons blanches et masures, surtout, ruelles tortueuses et sales, labyrinthes où l'Européen se perd des heures entières sans trouver un point de repère autre que les innombrables mosquées dans lesquelles il lui est interdit d'entrer, et qu'il confond les unes avec les autres; portes de pierre d'un âge ancien, terrasses en dos d'âne et minarets sans nombre, le tout groupé misérablement, rabougri, sans air.

Quelques centaines de maisons européennes constituent un nouveau quartier, qui s'étend vers la gare. C'est ce qu'on appelle à Tunis, comme dans presque tous les ports de l'Orient, la Marine.

Le reste de la ville est maure, arabe, juif, ou maltais. Partout la pauvreté apparente des maisons y serre le cœur.

Les bazars sont nombreux, et rien n'est curieux

comme la promenade de l'étranger, accompagné d'un indispensable drogman tant qu'il n'est pas acclimaté, dans les ruelles étroites bordées d'échoppes, où les soieries, l'or, les diamants, les fusils, les breloques et la chandelle des douze sont entassées côte à côte. J'y reviendrai.

Les Maures marchands, enfouis au fond de leurs cases et assis en « tailleurs », échangent, d'un côté de la ruelle à l'autre, des conversations interminables ; les Juifs proposent leurs marchandises, les Maltais rincent les vases et nettoient les boutiques ; les Arabes portent les colis ; tout ce monde en costume oriental, parlant sans trêve dix ou douze dialectes ; tous ces hommes d'affaires et d'argent, tous ces marchands en robes jaunes, vertes, bleues, rouges, à grandes culottes blanches et à turbans énormes, sont au comble de leurs vœux en négociant les plus grosses affaires dans ces réduits, dans ces ruelles, dans ces sentines, dans ces trous.

Parfois un rayon de soleil parvient à percer les toits de planches pourries qu'on jette d'un côté des rues à l'autre pour éviter la chaleur, et alors tout ce grouillement d'êtres bariolés et d'étoffes exposées, de poignards damasquinés et de savates ornées de broderies, reçoit comme un bain de lumière magique qui fait comprendre les enthousiasmes de Théophile Gautier et de Gustave Flaubert, les toiles merveilleuses de Delacroix et de Fromentin.

Mais vraiment, comme tout cela paraît encore plus étincelant sous le pinceau des maîtres que dans la rue étroite et puante de Tunis! Il y a encore, çà et là, de beaux cheiks bien habillés, qui passent à cheval et qui ont grand air.

Toutes les rues de Tunis, en dehors du bazar, sont mal bâties, étroites, mal pavées. Les voitures n'y peuvent guère passer; et il y a peu de voitures à Tunis. J'ai compté à peu près onze fiacres, et quels fiacres, à chacun de mes voyages. Les ayant vus tous à la file, en station, et circuler isolément dans les rues, j'en ai reconnu chaque fois tous les cochers, et je crois bien que le douzième n'existe pas. Il y a des carrossiers, cependant, mais ils ne travaillent que pour les gens riches.

Les hommes sont en grande majorité dans les rues. Suivant la coutume tunisienne, les femmes restent à la maison, où leur maître et seigneur les engraisse artificiellement pour qu'elles soient plus belles. Il faut savoir qu'à Tunis, la graisse est le synonyme de la beauté. Nous reviendrons aussi là-dessus, car ç'a été le sujet de mon étonnement continuel, outre que j'en riais malgré moi devant les dames.

On voit circuler dans les rues beaucoup de petits ânes, maigrelets, étiques autant que rachitiques, sur l'extrémité dorsale desquels les Arabes de la campagne sont impitoyablement montés. Les grandes jambes des cavaliers rasent presque la terre, et les petites bêtes vont le diable.

Les burnous fanés sont si nombreux dans les rues où il y a un peu de mouvement, qu'ils donnent aux yeux une fausse impression. On croit voir tout en sale, même le ciel, qui est presque toujours d'un bleu superbe.

Les Européens sont assez nombreux, mais dans le quartier nouveau, c'est-à-dire près du télégraphe, de la poste, des transatlantiques, des banques, dont les bureaux forment le centre de la vie française. Presque tous les Européens, quand ils séjournent à Tunis, abandonnent le chapeau de feutre et mettent le fez ou le casque en moëlle de sureau, dit Prince-de-Galles-Retour-des-Indes. Tous les Algériens ont adopté cette coiffure et elle va faire le tour du monde. Les agents des services d'utilité générale, tels que facteurs de la poste ou du télégraphe, sont tous des indigènes, choisis parmi les plus intelligents. Et il est, ma foi, assez original de recevoir un télégramme des mains d'un grand gaillard à turban, qui ressemble à l'Abd-el-Kader dont l'imagerie d'Épinal a entretenu notre enfance.

Les Maltais et les Maltaises sont nombreux dans les rues de Tunis. Hommes et femmes y représentent l'élément tout à fait inférieur.

Les Maltaises portent de grandes capes noires qui rappellent les costumes de la Basse-Normandie et qui font un effet singulier au milieu des éclatantes couleurs dont se parent les Orientaux.

Il y a, dans les rues, d'insupportables Italiens qui sont venus, poussant devant eux des pianos mécaniques, et qui tournent leur manivelle avec avidité. Je n'ai jamais autant entendu les airs d'*Aïda*, et dans quel style !

Les autres Italiens, qui font tant de bruit, n'ont guère de propriétés dans la Tunisie. Ils y sont au contraire généralement pauvres. Nous les retrouverons, car ceci n'est qu'une vue générale, un croquis.

Il y a peu d'Anglais, peu d'Allemands, peu d'Autrichiens.

La bigarrure des costumes, la sonorité étrange des cris de la rue, le défilé des ânes et des Arabes, çà et là, un chanteur ambulant qui frappe sur un tambour de basque et laisse échapper une mélopée sinistre, voilà Tunis. C'est éclatant et triste.

Il s'y mêle un élément profondément comique, je l'ai dit. La présence des femmes tunisiennes, juives ou arabes de la campagne, qui sortent dans les rues voilées ou sans voiles, selon la religion, jette une réelle gaîté dans le tableau.

Et quelle ne fut pas ma surprise, la première fois, lorsque je vis successivement passer une, deux, trois, puis dix, puis vingt juives tunisiennes, toutes rondes et petites comme des barriques, énormes, « hippopotamesques », et qu'on me démontra que cette « graisseur » était le résultat d'études incessantes !

Presque dévêtues dans la partie inférieure du corps, ces Tunisiennes emprisonnent leurs grosses jambes courtes dans un espèce de caleçon collant, tantôt blanc, tantôt vert, tantôt rose, tantôt doré sur toutes les coutures ; le tour de la ceinture est soigneusement dessiné par une sorte de *tutu* ressemblant à celui de nos danseuses, et la veste éclatante qui recouvre les épaules est recouverte elle-même d'un voile de soie ou de cachemire blanc qui donne aux femmes l'air de pénitents blancs, par derrière, et, par devant, l'aspect de la femme-torpille dans sa tenue d'exhibition.

Un Russe, M. de Tchihatcheff, qui a publié en 1878 un court aperçu sur la Tunisie, a exprimé son impression, qui est celle de tous les Européens, en disant que le costume des femmes tunisiennes produisait un effet « à la fois comique et blessant la décence ». Dans la crainte de ne pas trouver, moi Français, une périphrase aussi heureuse, je me sers de celle-là pour traduire mon étonnement.

Le pire des spectacles est celui qu'offre à l'étranger la troupe, la cohorte, la légion, peu nombreuse du reste, des soldats du Bey.

En France, quand on parla de Tunis, on fut longtemps très sérieux en disant ces mots : le gouvernement du Bey, les soldats du Bey, les canons du Bey, les généraux du Bey. Quand on voit tout cela de près, on pouffe de rire. Soulouque avait certainement mieux. Les soldats du Bey sont de pauvres hères crasseux, de noir habillés comme des croque-morts dont ils ont l'aspect, et coiffés d'un fez passé au rose pâle.

Les pieds nus (et sales, vous pensez !) ils marchent, par respect humain, dans d'horribles savates éculées, portant un fusil à pierre comme on porte un balai. Ils reçoivent un sou par jour, et ils doivent se nourrir avec ces cinq centimes. C'est maigre. Ils sont encore plus maigres que la somme.

On les voit circuler dans les rues, où ils n'ont ni autorité ni tenue. J'ai donné plusieurs fois deux sous à ces militaires de vaudeville, et je dois dire qu'ils ont accepté ce mince témoignage avec reconnaissance.

Le premier que j'ai vu n'avait pas son fusil. Il se promenait, rêveur et lézardé par les intempéries, sur la Marine, la seule promenade de Tunis.

— Qui est ce malheureux? demandai-je à un négociant de Tunis qui m'accompagnait. Quelque vagabond, sans doute?

— Du tout. C'est un gendarme.

Etant allé jadis visiter le Dar-el-Bey, ou palais de l'étonnant souverain qui règne à Tunis, je vis à la sortie un pauvre diable tout dépenaillé, avec la goutte au nez et le teint hâve, qui me regardait d'un œil plein de sollicitude.

Je pensais que j'avais à faire à quelque gardien subalterne, et je lui donnai dix sous.

Il eut un sourire amer.

— Monsieur doit donner plus, me dit le drogman. C'est le capitaine du Palais.

— Ah! c'est le capitaine! Excusez-moi, capitaine! Voilà deux francs!

Et j'ai donné quarante sous de plus au capitaine.

Pour un général, j'eusse été, je crois, jusqu'à l'écu.

CHAPITRE III.

Notes sur M. Roustan. — Son histoire est celle de la question tunisienne. — Résumé qu'il ne faut point perdre de vue. — M. Maccio et les Italiens.

J'ai eu le plaisir, au cours de ces deux voyages à Tunis, de connaître et d'apprécier à sa grande valeur, M. Roustan, dont il est aujourd'hui tant parlé à propos des affaires de la Régence et de notre expédition militaire.

Notre ministre à Tunis a fait toute sa carrière dans les consulats du Levant, où ses qualités éminentes l'ont fait avancer très vite. Il est du Midi. Vif, alerte, jeune, il n'a rien de cette gravité solennelle qui fait l'apanage des diplomates à collet monté. Il traite les affaires qui lui incombent avec une rondeur charmante, qui n'exclut pas la réelle sagesse, nous en avons la preuve. Ce n'est pas sa faute si le ministre des affaires étrangères auquel parvenaient ses premiers rapports fut un vieillard timoré, et si le collègue de ce vieillard à la guerre un fou furieux.

Dans la ville de Tunis, M. Roustan occupe, seul entre les consuls étrangers, un palais de grand seigneur. De vastes appartements, un jardin magnifique où la végétation est surprenante, font de cette résidence une demeure digne de la France, suzeraine nécessaire de la Tunisie.

L'histoire de cet homme est celle de notre incessant progrès dans ce pays, dont la conquête nous importait peu, mais dont l'hostilité nous eût peut-être fait perdre l'Algérie.

Il est bon de rappeler l'historique de la question.

M. Roustan est arrivé à Tunis à la fin de 1874.

A cette époque, il y avait dix ans que la France semblait s'être désintéressée de la Tunisie. Notre influence avait disparu avec M. Léon Roche, qui avait exercé pendant huit ans une sorte de souveraineté sous le nom du Bey régnant.

C'est à lui que l'on doit la construction de l'aqueduc de Zaghouan, magnifique ouvrage exécuté par des Français, et auquel la ville doit sa salubrité et la culture de ses jardins. Jusque-là, Tunis, ville de cent mille âmes, se trouvait chaque été aux prises avec la soif.

Pendant les dix années qui ont suivi le départ de M. Roche, nous ne nous sommes guère occupés, à Tunis, que des intérêts des porteurs de titres; ce qui a amené l'établissement de la Commission financière. Les créanciers du gouvernement tunisien ont obtenu, au prix de sacrifices énormes, certaines garanties pour le restant de leurs créances. Mais la France a commis une faute politique grave, dont les conséquences se font encore sentir aujourd'hui. Détenteurs des quatre cinquièmes de la Dette tunisienne, nous avons consenti à nous associer dans la Commission financière, sur un pied à peu près complet d'égalité, l'Angleterre et l'Italie.

Et de ce jour date l'immixtion de l'Italie, cette nation impuissante autant qu'elle est jalouse, dans nos affaires tunisiennes.

En dehors de la question financière, assez mal traitée comme on vient de le voir, tout avait été laissé dans le plus grand abandon : le consul anglais, M. Wood, dont l'influence avait succédé à celle de M. Léon Roche auprès du Bardo, s'était fait concéder successivement deux lignes de chemins de fer : celle de Tunis à la Goulette (qui a été adjugée en 1880 aux Italiens, on sait comment), et celle de Tunis à la frontière, qui mettait une barrière anglaise entre la Régence et l'Algérie, le tout sans que nous eussions paru nous émouvoir.

Cette dernière concession avait eu lieu quelques semaines avant l'arrivée de M. Roustan. Notre consul vit immédiatement le danger qu'elle nous créait. Mais il se garda d'en parler ; et sachant que les Anglais auraient peine à réunir les capitaux nécessaires pour la construction de cette grande ligne dans un pays où l'Angleterre n'a aucun intérêt réel, il attendit patiemment le délai fixé pour le commencement des travaux, après avoir averti le général Chanzy, alors gouverneur de l'Algérie, qui s'occupa de préparer les moyens d'assurer la substitution d'une compagnie française à la compagnie anglaise.

Au terme fixé, celle-ci n'ayant pas commencé

les travaux, M. Roustan fit déclarer par le général-ministre Khérédine qu'elle était déchue de ses droits, et présenta en son lieu et place la compagnie de Bône-Guelma, qui, substituée à la Société anglaise, construisit le chemin de fer, et l'exploite actuellement entre Tunis et Ghardimaou. C'est la route de Tunis à Alger, justement mise sous la protection de la France.

Sans perdre de temps, M. Roustan commença des négociations pour le rachat du chemin de fer anglais de Tunis à la Goulette. Les hésitations de la Compagnie Bône-Guelma et la mauvaise foi du gouvernement italien, qui parvint à nous empêcher de subventionner la Compagnie française, en promettant de se tenir également à l'écart, firent échouer ses efforts. Et la ligne de Tunis à la Goulette passa, comme on sait, dans les mains d'une Société Rubattino, subventionnée par le gouvernement italien qui rêvait de faire de la Tunisie le grenier de Rome, comme aux temps anciens.

Au chemin de fer de la frontière, il fallait un débouché sur la mer. Tunis n'est pas un port, et l'achat du chemin de la Goulette par les Italiens nous empêchait de songer à ce village, où on eût pu creuser des bassins et un chenal. On pensa d'abord à refaire l'ancien port de Carthage, qui est à quelques kilomètres de là. Mais l'opposition du Bey, dont il fallait détruire le palais d'été pour y substituer un bassin, l'impossibilité, au surplus, de couper la voie ferrée italienne, firent abandonner ce projet.

Il fut alors question de creuser le port à Rhadès, dans le lac qui sépare Tunis de la mer. Le consul d'Italie protesta contre ce projet avec une violence qui épouvanta le Bey.

Les Italiens devenaient arrogants. Tunis « était à eux », par la propagande effrénée qu'ils faisaient dans la ville et chez les Arabes de la plaine.

M. Roustan, mettant à profit cette situation, abandonna Rhadès contre la concession d'un port à Tunis même. Il obtint, en outre, comme compensation à l'excédant de dépenses, la concession de deux lignes de chemins de fer, l'une de Tunis à Sousse, l'autre de Tunis à Bizerte.

Le Bey répondit aux plaintes et aux menaces de M. Maccio, le consul italien :

« — Vous avez eu satisfaction en empêchant

« la concession d'un port à Rhadès. Mais vous « m'avez forcé de mécontenter la France, et j'ai « été obligé de l'apaiser. Ne vous en prenez donc « qu'à vous-même de ce qui arrive. »

En résumé, au printemps de 1876, la France ne possédait pas un kilomètre de chemin de fer concédé ou en construction dans la régence de Tunis; quatre ans après, elle avait une ligne de 200 kilomètres en exploitation et deux lignes concédées, d'une étendue totale à peu près égale. Elle avait obtenu, en plus, la concession du port de Tunis. Elle tenait en échec la prépondérance italienne qui devenait plus inquiétante que jamais.

Les questions de frontières avaient attiré également l'attention de notre représentant. Ces questions sont d'une nature particulièrement délicate, car d'une part, le Bey se montre fort jaloux de ses droits de souveraineté, et, d'autre part, il ne manque jamais d'arguer de sa faiblesse pour laisser impunis les attentats que les tribus tunisiennes commettent journellement sur notre territoire d'Algérie.

Cette situation, pour ainsi dire permanente,

s'était singulièrement compliquée depuis nos désastres de 1870.

La Régence avait profité de notre situation pour nous donner le coup de pied de l'âne. Elle avait accueilli à bras ouverts un escadron de spahis qui, à la suite de l'insurrection de 1871, avait déserté avec armes et bagages. Elle les avait campés sur la frontière, où leur exemple entretenait l'indiscipline dans nos troupes, et d'où ils dirigeaient les incursions des Tunisiens sur notre territoire.

Les principaux chefs des rebelles, qui avaient pu échapper à nos colonnes, le fameux Kablouti entre autres, étaient les maîtres en Tunisie, où ils prêchaient la guerre sainte contre nous.

M. Roustan, quelques mois après son arrivée, obtint que les spahis déserteurs fussent expulsés et envoyés à Constantinople. L'un d'eux, le susdit Kablouti, étant rentré en Tunisie en 1880, fut arrêté, sur la demande de notre consul, et emprisonné dans le fort de la Goulette, où il est encore, quoiqu'on ait voulu faire croire dernièrement à sa présence sur la frontière.

Dès lors, il fut admis que la Tunisie ne pouvait

plus être un lieu d'asile pour les insurgés algériens. Aussi, lorsqu'à la suite de l'insurrection de l'Aurès, le chef qui l'avait fomentée se réfugia sur le territoire tunisien, il y fut arrêté et remis entre les mains de M. Roustan, qui l'expédia sous escorte en Algérie.

Outre les questions politiques, ces incursions des Tunisiens, Kroumirs et Ouchtetas, sur notre territoire suscitaient une foule de réclamations particulières pour vol, pillage, incendie, dont il n'était pas possible, depuis de longues années, d'obtenir le règlement.

M. Roustan imagina le système des *conférences,* auxquelles furent appelés les délégués du gouvernement tunisien.

Ces conférences, depuis 1875, ont réglé, à la satisfaction des deux parties, toutes les questions pendantes, jusqu'à l'année 1880.

Mais comme les Algériens étaient presque toujours les victimes de ces agressions, les Tunisiens se sont lassés de payer leurs rapines, et une Conférence, convoquée un beau jour, ne put aboutir à aucun résultat, en présence de leur mauvaise foi. Il fallut sévir.

Tels furent les résultats obtenus par la sage administration de M. Roustan, dans un pays où le dernier marmiton du Bey est excité contre nous par les Italiens. Je ne citerai que pour mémoire les nombreuses réclamations de nos nationaux en souffrance depuis longtemps et pour lesquelles il a obtenu justice : affaires Collin, Halfen, de Sancy, Caillat, et dont la plupart montaient à plusieurs centaines de mille francs.

Mais si M. Roustan s'est acquis ainsi l'estime et la sympathie de la colonie française, il a suscité d'autre part, contre lui, des oppositions violentes et passionnées de la part de certains de ses collègues, et de celle du gouvernement tunisien, puisque gouvernement est le seul mot qui désigne à peu près cette chose.

Le Bey, habitué à notre tolérance pour ses procédés arbitraires et pour le sans-façon avec lequel il traitait les droits de notre pays et ceux de nos nationaux, imagina, comme nos progrès dans ces derniers temps avaient coïncidé avec l'arrivée de notre nouvel agent, de faire remonter jusqu'à lui l'irritation qu'il en éprouvait.

De là cette lutte acharnée entreprise contre M. Roustan.

On voudrait le considérer comme l'auteur unique et responsable d'une situation qui tient en réalité à de mesquines jalousies et à d'injustes défiances contre notre représentant et contre la France.

J'ai vu souvent M. Roustan, depuis les événements d'avril, et il n'a pu nier l'exactitude de tous les progrès ci-dessus énoncés, progrès dont les colons français sont fiers et qu'ils constatent avec un orgueil bien légitime.

Or, dans ce livre, je puis dire ce que M. Roustan ne peut pas dire, mais ce que tout le monde sait bien à Tunis, c'est que le gouvernement français a singulièrement agi, plus d'une fois, avec son représentant, en lui donnant des instructions et en les retirant presque aussitôt, grâce à cette indécision qui est le propre des gouvernements effarés.

M. Waddington, puis M. de Freycinet — c'est de l'histoire ancienne à Tunis, et c'est de l'histoire oubliée à Paris — n'ont-ils pas songé, eux plus « énergiques », à établir une fois pour toutes le protectorat nécessaire de la France sur la régence de Tunis, protectorat que nos intérêts réclamaient si impérieusement?

Certes, ils ont songé à cela. On envoya même un beau jour à M. Roustan l'avis que la flotte française allait entrer en rade de la Goulette, pour appuyer la déclaration de protectorat, que le Consul serait chargé de notifier au Bey.

Jusque-là, c'était bien.

Mais, ajoutaient les dépêches ministérielles, la flotte appuierait *moralement* le consul, à savoir que si le Bey se récriait, le consul serait bien empêché de le menacer d'un seul coup de canon. La flotte aurait la défense expresse de tirer et d'appuyer *matériellement* la déclaration.

Or, qu'est-ce qu'une flotte qui va en démonstration et sur laquelle le négociateur n'a pas le droit de compter?

La maladresse était imminente.

La voix de l'opinion dit que ce fut M. Roustan qui l'empêcha d'éclater.

Honneur à lui, car nous pouvions perdre du coup le dernier lambeau de prestige que nous possédions aux yeux du Bey, et Dieu sait si nous en avions moins que n'en affichait le légendaire M. Bourbeau.

Pendant que notre chargé d'affaires luttait ainsi pour sauvegarder nos intérêts engagés, nos capitaux compromis, nos millions immobilisés en Tunisie, un M. Maccio, représentant ce parti italien qui crie si haut et dont les fonds sont si bas, un énergumène que son gouvernement laissait courir sans muselière pour voir ce qu'il pourrait tirer du Bey, à tout hasard, un M. Maccio, passait ses journées et ses nuits, le pauvre homme, à rêver de combinaisons chimériques dans lesquelles l'argent de l'Italie, l'armée de l'Italie, l'épargne de l'Italie, le commerce de l'Italie, toutes choses assez problématiques, comme on sait, dansaient une ronde incohérente.

Il est bon de rêver pour son pays l'ère des conquêtes pacifiques, guerrières, industrielles et autres. Mais cette ère ne s'ouvrira pas de sitôt pour l'Italie, puissance à peine formée, pauvre d'argent, comme elle l'est de ces transactions à grande allure, qui font les nations prospères et les peuples heureux.

Les Italiens sont malheureux, chez eux, chez

nous, partout. Ils nous envient, ils nous haïssent par jalousie, et M. Maccio était en train de les rendre un peu ridicules après avoir donné à leurs tendances antifrançaises un fort vilain vernis, lorsque la campagne d'intimidation s'est enfin ouverte à la frontière algérienne.

Secondé par une vieille dame anglaise qui a nom Mme Taylor, dite Trolloppe, et qui envoyait au *Standard* les dépêches les plus fantaisistes sur la question tunisienne, M. Maccio, homme retors, patelin, cauteleux, entortillait le Bey dans une nasse malheureuse, qui finira par servir au pauvre homme de veste mortuaire, cela est probable.

Les gouvernants de l'Italie, dont l'attention fut alors appelée sur les agissements de M. Maccio, ne pouvaient manquer de révoquer ce consul turbulent, prêcheur de discorde incessante autant que ses prétextes à discorde étaient puérils.

S'il y a, en Italie, un parti qui veut nous reprendre Nice, Toulon, Marseille, et occuper le boulevard des Italiens, il y a à Rome, des ministres qui paraissent sensés et dont les renseignements sur l'infériorité des finances italiennes, sans parler du reste, doivent être très précis.

Nous sommes bien oublieux en France.

Je crois que c'est Machiavel qui l'a dit, le Français ne se souvient jamais le lendemain de ce qu'il a fait la veille.

Aussi assisterons-nous, pour peu que les affaires de Tunisie se prolongent, à des récriminations sans but et sans fin. Pour peu que le ministère de la guerre fasse des sottises dans ce pays, et il me paraît être entré dans la voie des sottises en retirant les troupes du pays des Kroumirs, dans un ridicule intérêt électoral, une troupe d'aboyeurs s'en prendra de ces fautes à M. Roustan, c'est indiqué. Et pourtant, que d'encens au début !

Mais notre représentant est bronzé, je l'espère, contre les retours de la popularité, cette femme de mauvaise vie.

S'il ne l'est pas encore, il se bronzera. Les honnêtes gens sont avec lui.

CHAPITRE IV

Les hôtels. — M. Bertrand. — Histoire de M. Bertrand. — La concurrence. — Le Grand Hôtel. — Étonnement des Parisiens. — Servantes locales. — Menus locaux. — Le poulet. — Réminiscence d'Esope. — Les cafés. — Café du Cercle. — Café Y. — Café Z. — Café Kroumir. — Promesses pour l'avenir. — *Giardino Paradiso*. — Les confiseurs. — Le grand genre. — Verdier et Bignon à Paris; Bonrepaux et Montelateci à Tunis. — Emplettes beylicales. — Monnaie du Bey.

Je n'oublierai jamais que la première fois que je vins à Tunis, mon esprit travaillait douloureusement. Je me demandais avec anxiété si je trouverais au pays des beys une auberge, une *turne*, qu'on me passe le mot, une simple turne où gîter, pendant le séjour que j'allais y faire.

Muni du seul livre de M. Tchihatcheff, dont j'ai déjà parlé, je constatai fiévreusement qu'un Européen audacieux avait établi à Tunis une maison décorée de ce nom d'hôtel, dont on abuse si souvent, et que cet hôtel avait plus audacieusement encore usurpé le titre d'*Hôtel de Paris*. Se placer sous le patronage de la cité hospitalière par excellence, à Tunis ! C'était de la présomption évidemment. Qu'allais-je trouver là ? Une vieille masure, quelque gîte d'étape dont le commun des rouliers ne voudrait pas en France ?

Ma surprise fut grande lorsque je descendis de la gare Rubattino et que l'on me conduisit à l'Hôtel de Paris. D'abord je passai sur la Marine, devant le Grand-Hôtel, tout battant neuf, et dont la seule vue me pénétra de remords cuisants. Je regrettais déjà d'avoir adopté l'Hôtel de Paris, qui évidemment était déjà vieux jeu (ô progrès), et je me disais qu'on serait beaucoup mieux dans l'établissement nouveau, sans doute.

Enfin je fus en présence de mon Hôtel de Paris. Là je fus surpris encore davantage. Dans le fond d'une petite rue que je qualifierai de ruelle, mais qui a la belle dimension pour une rue de ville arabe, s'élève la vaste construction dans laquelle M. Bertrand, un ancien sous-officier, a eu l'idée productive de loger les Européens, moyennant finance. Il date de quinze ans, l'hôtel de M. Bertrand, et il a fait ses affaires rondement. Ce jour-là je fis connaissance avec M. Bertrand, avec Mme Bertrand, avec toutes les petites Bertrand, qui sont fort nombreuses, et qui jouent du piano toute la journée.

J'étais heureux : j'avais une bonne chambre bien aérée, avec vue sur le Lac, comme on dit à Ouchy ou à Clarens, et un petit lit de fer à la spartiate, entouré de gaze protectrice, — contre les moustiques. J'ai retrouvé cette chambre à mon second voyage et j'y écris ces notes hâtives, en regardant les bateaux plats glisser sur le lac, dans un brouillard crépusculaire tout bleu et tout rose. Je garderai de cette solitude un charmant souvenir.

Depuis le traité de Kassar-Saïd, surtout depuis l'enveloppement progressif de Tunis par les troupes françaises, M. Bertrand a fait des affaires d'or, comme on pense. Tous les officiers des campements environnants viennent en séjour temporaire et logent chez lui ; ils y déjeunent, ils y peuplent par fournées successives, cette longue salle à manger, où les portraits du Bey et de je ne sais quel Tunisien bizarre s'étalent sur les murs, et où quelques Anglais touristes couraient, jadis, les uns derrière les autres.

L'heureux M. Bertrand pliait sous le faix, dès l'année 1879, ce qui prouve que l'on venait beaucoup à Tunis dans ces dernières années. Aussi la concurrence, l'inévitable concurrence, ne tarda-t-elle pas à élever hôtel contre hôtel. L'immeuble nouveau s'appela le Grand-Hôtel. C'était indiqué. Il est aussi plein d'officiers et de fonctionnaires de toute sorte, si bien que la création d'un troisième hôtel, sinon d'un quatrième, est devenue nécessaire.

Les garçons du Grand-Hôtel sont à la dernière mode, je veux dire qu'ils portent des vestes noires et des tabliers blancs. Je leur préfère de beaucoup les vieilles servantes de M. Bertrand, qui ont conservé leurs costumes de Tunisiennes pur sang : les caleçons grotesques et le morceau d'étoffe autour de la ceinture, sans compter la coiffure, un foulard ajusté d'une façon tout à fait comique sur le haut de leur vieille tête jaune.

Par exemple, ce que je reproche à M. Bertrand, aussi bien qu'à la concurrence — et les dix mille Français qui ont passé dans les deux tables d'hôte le reprochent comme moi, — c'est l'abus fait à chaque repas, — qui est cependant servi à l'européenne, — du poulet, de l'inévitable poulet tunisien.

Oh! ce poulet! je le hais. Je le donne à tous les diables. Je l'abomine. Je le voudrais voir disparu de la Tunisie par une bonne peste poulette, par quelque choléra des poules ou autres épidémies !

A déjeûner, du poulet ! A dîner, du poulet ! Et quel poulet ! Poulet étique, nourri avec je ne sais quelles orges tunisiennes. Le poulet rôti! Le poulet au blanc ! Le poulet Marengo ! Le poulet aux champignons ! Le poulet aux olives ! Le poulet à la Mustapha ! (Pauvre Mustapha !)

C'est intolérable. Je deviens enragé deux fois par jour, quand je vois arriver le poulet, sous une des formes culinaires que je viens d'énumérer, et porté à bras tendu par le mitron plein de couleur locale de M. Bertrand, le jeune Ali, tout en culottes et en veste blanches à la zouave, avec un fez sur la tête et des savates jonquille aux pieds !

Ah ! ce poulet, ce poulet ! Que de fois j'ai compris ici l'apologue du bon Ésope sur la langue !

La vie à Tunis est assez monotone pour qu'au bout de trois heures, le voyageur ait déjà bu à toutes les coupes du « progrès européen ». Que faire après déjeûner, sinon aller sur la Marine, au café du Cercle, le seul, l'unique, fréquenté par les « gens bien » de la colonie et les étrangers de distinction ?

On monte un perron, et on trouve là une sorte de terrasse, avec une douzaine de tables. Un homme se tient sur la terrasse; il frappe dans ses mains et vous fait servir du café ou de la limonade, de la bière ou des liqueurs. Par les chaleurs tropicales qui règnent en ce moment, on pense bien que la limonade et le café froid triomphent sur toute la ligne. La bière n'est guère demandée que par les *nouveaux*, arrivés de France par le dernier paquebot, et dont la témérité sera bientôt calmée par des accidents de toute sorte,— conséquences inévitables de l'abus des boissons alcooliques.

Point ou peu de journaux. A peine un papier italien ou deux. Ma foi, je ne fais guère de différence entre ce café du Cercle et les autres, le café Y, le café Z, situés en face de lui, près du Grand-

Hôtel, qui sont tenus par des Italiens, et que les Français délaissent pour le Cercle susdit. Evidemment l'avenir est au Parisien qui ouvrira un « Cardinal » ou un « Riche » approprié aux températures tunisiennes. La fortune suivra sûrement cet audacieux comme elle a suivi M. Bertrand, et la concurrence à M. Bertrand. Hurrah pour les limonadiers du progrès ! Un bon café, des journaux de Paris en nombre suffisant, quelques billards propres, voilà ce qui manque, entre autres choses, à la Perle de l'Occident, comme les Turcs appellent Tunis !

Les cafés secondaires ou cabarets populaires sont déjà en assez grand nombre, par exemple, pour que je n'en demande pas l'augmentation. Un industriel plein d'à-propos a baptisé son établissement *Café Kroumir*. C'est bien hardi à la porte de la ville arabe, mais les Tunisiens de Tunis se prêtent à tout, pourvu qu'on n'empiète pas sur leur fumier séculaire, je veux dire sur leur ancienne ville musulmane.

Il y a encore, sur la Marine, un grand café avec jardin, qui s'appelle le *Giardino Paradiso*, mais comme il est doté d'une scène et qu'on y joue la

Comédie, je lui réserve une petite notice plus tard, au chapitre des théâtres, car le théâtre tunisien est né. Il est même drôle..

Ce qui caractérise encore le Tunis européen, c'est l'adoption des confiseries à la manière italienne, pour la dégustation du vrai café et des boissons rafraîchissantes. Là, par exemple, les grands seigneurs tunisiens ne dédaignent pas de venir s'asseoir. Et les cheiks arabes de la contrée, les gros marchands maures qui ne promèneraient à aucun prix leurs beaux habits dans les cafés de la Marine, viennent complaisamment s'asseoir chez le confiseur, entre neuf et dix heures du soir. C'est tout à fait le grand genre. Les deux grands confiseurs de Tunis s'appellent Bonrepaux et Montelateci. Ils luttent entre eux avec courtoisie, comme Verdier à Paris lutte contre Bignon l'aîné.

De temps en temps, on voit, à la tombée de la fraîche, s'arrêter devant la boutique de Montelateci ou de son rival une voiture attelée de deux mules. Un prince du sang beylical, le Bey lui-même ou son premier ministre descendent de la voiture, font des emplettes que leurs courtisans empilent dans le fiacre armorié, et s'en retournent grignoter la confiserie en famille. On est très-gourmand dans le monde tunisien, et il n'est pas de prince qui ne dévore des kilogrammes de pralines et des quintaux de bonbons dans sa quinzaine.

Le tout se paie, ici, par les princes et par les humbles mortels comme nous, à l'aide de vieux sous et de vieilles pièces sales, hiéroglyphiques, appelées caroubles et piastres, et auxquelles l'intelligence la mieux cultivée ne peut rien comprendre qu'après d'interminables études.

Ce qui permet aux Arabes des bazars et aux Juifs de la ville de rançonner plus sûrement leur prochain, ainsi que le commandent les Ecritures.

CHAPITRE V

La porte espagnole. — Illusion d'optique. — Décor d'opéra. — La ville arabe et la ville européenne. — Les maisons françaises. — La résidence de France.

Que voit-on à Tunis, quand on arrive dans la ville? Quelle est la perspective générale? A quoi cela ressemble-t-il? Les rues ont-elles un aspect mouvementé? Sont-elles tristes? Sont-elles gaies?

Autant de questions auxquelles il est aisé de répondre par une analyse sommaire de ce qu'on voit en arrivant à Tunis.

La Marine, ou promenade européenne, dont j'ai déjà parlé, commence à l'extrémité du lac pour finir à la porte espagnole, qui est comme le décor d'opéra derrière lequel grouille Tunis. Cette porte est gracieuse, élégante, originale, — tout juste assez pour être espagnole. — Une inscription en arabe, placée sur le fronton de cet arc-de-triomphe, marque la date de sa restauration. Elle commandait autrefois la circonférence des fortifications de Tunis. Ces murailles furent démolies il y a quelques années pour élargir la ville, ou du moins permettre aux Européens de construire autour de la ville les maisons qu'ils avaient projetées.

Les groupes les plus inattendus circulent sous cette vaste porte, où s'engouffrent les tourbillons de poussière que le sirocco chasse devant lui.

Ce ne sont que marchands d'allumettes, de fils, de pointes, d'oranges, de citrons, de jasmins. Le Maure, ou marchand citadin de la Tunisie, aime autant que l'Arabe des sables, le jasmin en bouquet. C'est, en cette saison-ci, un triomphe véritable pour tous les jeunes moricauds qui vendent les jasmins.

La fleur blanche qui fait fureur à Tunis dégage une odeur particulièrement fade, insupportable. Les gens du bon ton la paient deux sous le bouquet. Ils la placent au-dessus de leur oreille. Ils aspirent ainsi, *indirectement*, le parfum du jasmin sans y penser.

Une fois la porte franchie, on aperçoit deux rues assez bien amorcées sur la place, au coin du consulat d'Angleterre. On croit que ces rues conduisent quelque part, dans la ville, qu'elles sont même les deux artères principales de la ville pour monter aux mosquées, à la kasbah, au palais des beys, Dar-el-Bey, aux marchés, souks ou bazars.

On avance avec assurance. Surprise complète. Les rues tournent court; deux pâtés de maisons se dressent devant vous, et là où vous vous imaginiez qu'une ville commençait, la ville est finie. C'est l'immense village arabe, le Tunis authentique qui se révèle. Quelques originaux auront bâti les maisons de l'avancée, qui font croire à des rues, et à un ordre quelconque dans le percement d'icelles. Il n'y a rien, qu'un tas de bicoques, au travers desquelles serpentent affreusement ce que vous preniez pour deux rues. C'est le commencement du labyrinthe, de la toile d'araignée, des catacombes arabes, à ciel ouvert, dans lesquelles le fil du peintre Robert serait aussi nécessaire qu'un flacon d'eau de Cologne de chez le vrai Farina.

Entre toutes les maisons modernes qui frappent l'œil du voyageur, la plus belle est celle du Consulat de France, aujourd'hui la Résidence.

C'est un véritable palais, et j'ajouterai que le palais occupé par M. Roustan est ce qu'il y a de plus hospitalier à Tunis.

Le bâtiment est carré, à hauts plafonds, dallé de mosaïques et meublé fort élégamment. L'antichambre donne accès à la salle de billard. De cette vaste salle on pénètre, à droite, dans un grand salon, à gauche, dans le cabinet de M. Roustan, où se dresse une magnifique coupe offerte en mars 1881, à notre représentant par la colonie française de Tunis, pour le remercier de son attitude énergique.

La salle à manger est grande et belle. Toutes les fenêtres de chacune de ces pièces ouvrent sur un jardin de vastes dimensions, planté d'arbres tropicaux et de fleurs odorantes. Les hôtes du Consulat ont passé dans ce jardin de charmantes heures.

Sur le perron de la Résidence, deux ou trois janissaires, entièrement vêtus de blanc, avec une belle écharpe multicolore, en soie, autour du corps, et le fez de l'islam sur la tête, montent la garde et reçoivent les visiteurs, font passer les cartes au ministre français.

L'un d'eux accompagne parfois, sur le siège, le cocher ministériel. C'est l'usage adopté par tous les consuls en Orient, du reste, et cette garde d'indigènes triés sur le volet, bien appointés, leur est toujours très fidèle. Tunis a malheureusement traversé des périodes émouvantes, où M. Roustan eût pu mettre à l'épreuve le dévouement de sa garde, car il fut un temps où la fureur des Italiens n'a plus connu de bornes.

M. Roustan sortait pourtant dans son coupé, comme d'ordinaire. Un soir, au coucher du soleil, on tira un coup de fusil sur sa voiture. Le coup n'a touché personne, et l'homme qui avait tiré n'a jamais été retrouvé.

Le palais de la Résidence de France est déparé, je le déclare, par un horrible drapeau en fer blanc, qui sert de girouette, et aussi de thème à plaisanteries. On devrait bien enlever cette mécanique et la remplacer par un pavillon en laine aux trois couleurs nationales.

Les consuls d'Angleterre, d'Italie, des Etats-

Unis, ont pour habitation des maisons assez confortables. Il y a encore sur la Marine deux ou trois belles constructions modernes qu'un prince tunisien a imaginées pour employer l'argent qu'il avait extirpé à son peuple. La Société Marseillaise, les Transatlantiques, la Poste et le Télégraphe, le Grand-Hôtel, le Crédit Lyonnais, et plusieurs magasins de nouveautés à l'instar de Paris, forment en deçà de la porte espagnole un ensemble tout à fait européen. Au milieu de la Marine, un petit square, autour duquel se tiennent les horribles berlingots fastueusement dénommés fiacres dont j'ai déjà parlé, complète l'illusion. Sans le soleil, qui fait marquer au thermomètre 42 degrés à l'ombre, on se croirait sur les boulevards de Port-Royal ou des Gobelins, alors qu'ils étaient en percement, tout déserts et pleins de moellons.

C'est que le Tunis européen ne fait que commencer à sortir de terre.

CHAPITRE VI.

Tunis bien gardé par les généraux du bey. — Questions pendantes. — La musique à la Résidence de France.

Par les grandes chaleurs de l'été que nous traversons en ce moment, Tunis dort dans la journée.

Le soir, toute la population des Juives est dehors, pilotée par les pères, les frères et les maris. Ces messieurs, de blanc et de jaune habillés; ces grosses dames, dont la tenue mirifique étonnerait les abonnés mêmes de l'Opéra, prennent le frais et promènent par la ville leurs corsets roses, bleus et rouges, brodés et emberlificotés, leurs pantalons transparents et leurs bonnets pointus.

Les jeunes gommeux tunisiens exécutent de leur côté un Persil consciencieux sur la Marine, à l'heure du crépuscule. Ils sont élégants. Leurs bas blancs, leurs souliers vernis et leurs fez enturbannés de soie, leurs vestes bleues ou vert-pomme, leurs chlamydes soyeuses reposent de la saleté de l'Arabe.

Ce qui modifie l'aspect de la ville, pour qui l'a vue déjà il y a quelques mois, c'est la circulation incessante des bons soldats du Bey, à pied ou à cheval, armés de fusils à piston ou de sabres de bois. Il n'est pas rare de voir quatre hommes conduits par un général tunisien. Oh ! ils ont à faire, les généraux tunisiens. Les voilà en passe de gagner leur solde à la sueur de leur front. A mon premier voyage ici, je n'en avais pas tant vu.

Pourquoi ces patrouilles incessantes, car elles sont incessantes et lentes, à la manière des patrouilles de marins dans les ports militaires? C'est que le Bey craint un soulèvement des habitants de Tunis contre les Français? Non. Il n'y a eu d'ailleurs à redouter pendant un instant que le fanatisme de la population arabe de Tunis. Car les messieurs bien habillés, les jeunes gens aux belles chlamydes et les gros négociants aux jolis souliers vernis ne demandent que la protection française. Ils savent que leurs affaires n'en iront que mieux.

Mais ce n'est ni à cause des Tunisiens, ni à cause des Arabes, que le Bey fait promener son stock de militaires dans les rues de Tunis. C'est à cause de la grande affaire, de la mystérieuse affaire. Il paraît qu'il y avait une mystérieuse affaire. Figurez-vous que ces gaillards d'Italiens avaient organisé une Saint-Barthélemy des Français pour le 14 juillet de cette redoutable année 1881! Noirceur sans pareille. A l'heure précise où les lampions allaient s'allumer, le couteau de chaque Italien devait briller dans l'ombre et découper au moins un Français!

Admirable sujet d'opéra pour un Meyerbeer futur! Feu Maccio eût joué Saint-Bris; et Nevers « ce guerrier généreux » qui ne veut pas tremper dans l'affaire, eût été représenté par le Bey. On voit le Bey s'écriant :

> Et parmi tant d'illustres aïeux
> Dont la gloire ici m'environne,
> Je compte des soldats (et quels soldats!) mais pas un assassin!

Toujours est-il que le Bey a mis toute son armée sur pied ce jour-là, et qu'il n'y a rien eu.

On a reconnu d'ailleurs que toute cette histoire avait été imaginée par les amis des Rubattino, des Maccio et autres désappointés de la colonie italienne, mais que la masse des Italiens n'avait jamais songé à rien de semblable. Ils sont d'ailleurs passionnés en ce moment par le théâtre dont j'aurai à parler, qui joue la *Principessa di Bagdad*.

Telle fut la mystérieuse affaire du 14 juillet.

Mais où en sont les Italiens? Où en est M. Read? Que fait M. Read? Où en est l'affaire de l'Enfida? Que devient l'affaire du chemin de fer de Tunis à Sousse? Avons-nous obtenu par cette expédition contre les Khroumirs, par ce traité du Bardo et par l'envoi subséquent de 50.000 hommes allant sur Kairouan ce que nous souhaitions d'obtenir, à savoir : la protection de nos intérêts et de nos nationaux, la prépondérance légitime de la France en Tunisie, où les capitaux les plus considérables sont engagés par des Français?

En ce qui concerne les Italiens, j'ai pu me convaincre que leur dernière espérance s'est évanouie avec M. Maccio. Le cuirassé *Maria-Pia* représente quelquefois à la Goulette les prétentions italiennes, mais aujourd'hui que toute la correspondance diplomatique est entre les mains de M. Roustan, l'opiniâtreté des péninsulaires déconvenus ne se manifestera plus que par de petits actes, — et de loin en loin, par de mesquines taquineries.

C'est ainsi qu'ils donneront six sous, chiffre important, à des râcleurs de violon pour jouer l'*Inno à Garibaldi* pendant qu'un piano mécanique exécutera les *Cloches de Corneville.* Je crois que l'antagonisme platonique est le seul auquel ils soient dorénavant condamnés.

Ils ont toujours leur service postal Rubattino par la Sicile. Mais ce service ne prend déjà plus les lettres de France que par exception. Les postes et télégraphes, qui sont français, ont été fusionnés aussitôt après la campagne, et un magnifique bureau leur a été loué sur la Marine.

M. Read a, comme on dit, mis de l'eau dans son vin, et il paraît s'accommoder assez volontiers d'un *modus vivendi* qui ne rencontre chez le Bey que satisfactions, remerciements perpétuels et enchantements. Certes, on n'en peut dire autant du gouvernement anglais, qui passe son temps à répondre aux questions sans cesse renouvelées de plusieurs lords, qu'on dirait payés pour faire cette campagne excessive, et sur la portée de laquelle le gouvernement anglais ne se trompe pas, assurément.

Mais nous connaissons, nous autres Français, l'esprit étroit de cette nation, dont la devise pourrait être : *Tout pour moi.* Dès qu'elle annexe un Gibraltar, une île de Malte, ou une île de Chypre, c'est en vertu d'une théorie qui se désigne chez elle sous le nom de théorie n° 1.

Dès qu'un peuple voisin s'occupe de ses propres affaires et les débrouille un peu activement sans lui demander conseil, vite des réclamations ! C'est la théorie n° 2, qui dit tout le contraire de la première.

Puisqu'on connaît la douce manie de ces fils d'Albion, il faut les laisser s'agiter, ou leur répondre par le mot de ce ministre d'un roi de France, bien placide cependant, mot caractéristique, bref, peu diplomatique, mais dont Cambronne, ce ministre et M. Zola ont su faire quelque chose.

L'affaire de l'Enfida est à peu près réglée dans le sens du bon droit et à notre profit. Le Bey l'a renvoyée devant un tribunal du rite maléchite, qui repousse, contrairement au rite hanéfite, le droit de cheffaâ invoqué par le juif Lévy. Le jugement n'est pas encore rendu, mais tous les membres du tribunal ont déclaré déjà individuellement que la cause était gagnée.

Les travaux du chemin de fer de Tunis à Sousse sont définitivement concédés par le Bey, en dépit des tiraillements d'autrefois. On va étudier le chemin de fer de Bizerte, et les Français comptent sur l'énergie de M. Roustan pour que ces chemins de fer ne soient pas comme ceux de M. Albert Grévy, toujours dans les dossiers.

Le Crédit foncier tunisien ne se fera probablement pas, à la suite des récriminations assourdissantes des intransigeants. Est-ce un bien ? est-ce un mal ? C'est à coup sûr un mal, car c'eût été là le moyen de faire entrer davantage encore les capitaux français dans la Tunisie et de les rendre propriétaires du sol. Les Anglais n'y eussent pas manqué. Mais notre gouvernement, toujours timoré, s'arrête devant le mot de « Tripotages financiers », qu'il suffit d'écrire dans notre pays pour ébranler net le gouvernement.

C'est vite écrit. Maintenant il faudrait expliquer ce qu'on entend par là, préciser et prouver quelque chose.

Passons à l'état d'esprit du Bey Mohamned-el-Sadock. Celui-là peut dire qu'il est le plus heureux des hommes. Il a bien protesté contre le traité de Kassar-Saïd, mais c'était pour la forme.

— Que vouliez-vous que je fisse pour annoncer la chose au prince des croyants ? disait-il bonassement à quelqu'un.

Sa protestation platonique une fois exhalée, il a respiré tout à fait à l'aise et s'est mis à exécuter ledit traité avec une bonne volonté parfaite. Il est en ce moment à la Goulette, heureux comme un prince qui sent qu'un bras fort protège sa couronne, que les intrigues musulmanes — il le sait aujourd'hui — allaient lui enlever, avec la vie probablement. Mais il est entouré de quelques canailles, qui soulèvent en ce moment même les tribus de l'intérieur de la Régence contre nous, et qui vont nous forcer à recommencer la campagne, si les insurrections continuent, comme c'est probable.

Délivré du joug de Constantinople, le Bey s'est empressé d'enlever le nom du Sultan de ses pièces de monnaie, ce qui a produit dans la population tunisienne, fière de son autonomie, un excellent effet.

Il disait dernièrement à un fonctionnaire français :

— Les temps que m'a prédits Roustan sont arrivés, et je n'y croyais pas. Me voilà bien tranquille, et bien plus heureux qu'avant, pourvu que cela dure !

Les arabes pillards, profitant de l'imbécillité de notre ministre de la guerre, vont malheureusement venir troubler cette quiétude.

Dimanche pour la première fois, la musique du 27e bataillon de chasseurs à pied est venue jouer devant la Résidence de France.

Il faut dire que l'uniforme français est aimé à Tunis et à la Goulette ; il n'a jamais produit dans ces deux villes l'effet provoquant dont parlaient volontiers les Italiens. Au contraire.

De la Manouba, où se trouve le camp définitif

du général Logerot, les officiers de tout grade viennent se promener à Tunis. Il y a des chirurgiens de l'armée en permanence, pour le service de l'ambulance de la Goulette, qui entre parenthèses n'a pas *un drap* de rechange (vive l'intendance!) et tout se passe le mieux du monde.

Donc nous avons eu la musique des chasseurs. C'était une innovation. Jamais une musique militaire n'a joué à Tunis depuis l'antiquité, — qui s'y connaissait peu.

Les chasseurs sont arrivés par le chemin de fer, à sept heures, — une heure avant le dîner tunisien. On leur avait préparé une petite enceinte avec des pieux et du fil de fer, devant la Résidence. Tout le « Tunis des premières » était là, comme on pouvait s'y attendre.

Le programme, quasiment historique, était ainsi composé :

1. *La Marseillaise* (allegro), Rouget de l'Isle.
2. *Rigoletto* (fantaisie), Verdi.
3. *Le Souvenir* (valse), Delaruelle.
4. *La Traviata* (fantaisie), Verdi.
5. *Retraite de Crimée*. X. X. X.

L'essai a complètement réussi, et chaque morceau a été salué par des applaudissements réitérés.

Un Italien a fait doucement remarquer à un colon français que deux morceaux, sur cinq, étaient de Verdi, compositeur italien, et il en a pris acte pour établir que des concessions musicales, à défaut d'autres, étaient faites à l'Italie. L'argument était assez bouffon, et il a fait beaucoup rire.

Les chasseurs sont retournés, à huit heures, à la Manouba, par le chemin de fer, après s'être rafraîchis à la Résidence. Et chaque dimanche, ils feront de la musique sur la Marine, qui deviendra ainsi, insensiblement, une succursale lointaine du Palais-Royal et du Luxembourg.

CHAPITRE VII

Le café Maure. — Dédain des Européens pour la musique arabe. — Les artistes. — Les boissons. — Rêveries musicales. — Entre deux lanternes. — Les ruffians. — Population bizarre.

L'une de mes distractions de chaque soir est le café Maure, qui se tient dans la rue, sur la Marine, entre huit et dix heures et demie. L'ameublement de cet établissement est simple : quelques chaises rangées en demi-cercle. Et sur cinq tabourets, cinq musiciens assis, les jambes croisées.

Au charivari endiablé que font ces cinq hommes, éclairés par quelques lanternes énormes, montées sur des manches qui sont fichés en terre, les Arabes du peuple accourent. Pour quelques caroubles, comme qui dirait pour un sou, ils ont droit à une chaise et à un grand verre plein d'une boisson bleuâtre, indéfinissable et détestable, que je refuse depuis que j'y ai goûté.

Le gérant (un Bédouin tout bronzé à culotte courte) me connaît bien, car je viens chaque soir écouter sa musique. Je m'asseois au milieu des Tunisiens du peuple et des petits marchands, qui sont bouche béante devant les joueurs de musique.

La contemplation de ces cinq bonshommes fait ma joie, dans ces soirées interminables de la vie tunisienne.

Celui qui occupe le tabouret du milieu est le joueur de violon, le directeur, le chef d'orchestre, exécutant lui-même; il râcle la *mélodie* sans repos ni trêve, avec un fatalisme qui désole. C'est un jeune Juif très-brun, aux moustaches noires, aux yeux d'émail, assis en tailleur et tenant d'une main son violon posé sur sa cuisse. Pendant que de l'autre il dirige l'archet en tous sens, ce capellmeister en plein vent regarde les choses et les hommes qui sont autour de lui, avec une indifférence magnifique. Son archet court et frotte les cordes d'un mouvement automatique. Une mélopée indescriptible sort de là. C'est une plainte en *mineur* à ritournelles consécutives, qui n'affecte un rythme que pour le rompre aussitôt, tomber dans une cadence plus molle, et reprendre le rythme premier.

Les yeux du violoniste marchent toujours, regardant à droite, à gauche, de nouveau à droite, de nouveau à gauche, avec la mathématique précision d'une poupée à ressort. On dirait une horloge à tête de bois, fabriquée dans la Forêt Noire et enjolivée à Nuremberg. Chaque soir je le revois à la même place, dans la même posture, râclant la même chanson, roulant les mêmes yeux sur l'assistance et sur les étoiles. Il est comme une statue froide et résignée du fanatisme musulman, qui aurait des yeux en porcelaine.

A sa gauche, deux horribles musiquettes, un rebab et un second violon l'accompagnent. Les instrumentistes sont deux bonshommes à barbe grise, qui chantent en grattant et en frottant.

A droite, deux autres vieux, non moins barbus et non moins blancs, mais d'un blanc sale, frappent à coups de pouce et à coup de poing sur deux tambours, l'un très étroit, en tambour de basque, l'autre en forme de poire, qui a une peau sourde et des éclats de gong chinois. L'ensemble de ces cinq instruments forme l'accompagnement d'une chanson que les vieux tambourineurs hurlent à plein gosier. Ils en improvisent eux-mêmes les paroles, sur un air qui ne varie jamais, et qui tient à la fois du vagissement de l'enfant et de la czarda hongroise. On entend les éclats de voix des hurleurs et les batteries grondantes, à contre temps, des tambourins, de l'extrémité de la Marine jusqu'au bord du lac.

Les Européens dédaignent le café Maure, le seul original qui soit à Tunis, et affectent de trouver ses rapsodies insupportables. C'est moins insupportable, à coup sûr, que les ignobles pianos-mécaniques, orgues de barbarie et autres instruments venus d'Italie, manipulés par des Italiens et qui sont à Tunis outrageusement tolérés par l'autorité locale. Il n'est pas de rue, de maison, où l'on n'ait les oreilles écorchées par des *Trouvère* faux, des *Cloches de Corneville* boîteuses, des *Lucie de Lamermoor* piaillardes et bâtardes.

Le café Maure, au moins, n'a pas de prétentions. Il offre aux Européens un sujet d'étude singulier et toujours intéressant. L'audition de la mélopée arabe, la contemplation des têtes souvent hideuses, parfois curieuses, toujours originales, de la foule attentive aux moindres allusions des chanteurs cuivrés et hirsutes, fait rêver aux descriptions de Gautier et aux peintures de Delacroix ou de Regnault.

C'est l'Orient tout net, avec son cadre et ses personnages légendaires.

Autour des grosses lanternes qui éclairent cette scène quotidienne, se trouvent les ruffians, guettant l'Européen, le Français surtout, dont la réputation de conquérant du sexe est depuis longtemps venue jusqu'à Tunis.

Depuis l'arrivée des officiers, les ruffians, qui n'étaient que trente ou quarante, sont devenus cent. Ce sont pour la plupart des Maltais ou des Biskris, sorte de métis arabe. Il y en a de jeunes, il y en a de vieux, ce qui prouverait que la *carrière* est ouverte à tous les âges. Ils ont presque tous une lanterne à la main, comme Diogène, et comme le philosophe grec, ils cherchent un homme. L'un d'eux est gendarme du Bey. Un autre est adjudant-major !

Ils se glissent derrière nous, et nous glissent à l'oreille les propositions les plus affriolantes,

C'est au quartier juif qu'ils aspirent à nous conduire, ou dans les rues obscures de la ville arabe, sous les jalousies des demoiselles siciliennes, dont la vertu est, paraît-il, aussi facile à Tunis que celle des juives.

Je reparlerai de ces messieurs et de ces dames.

Si l'on me demande pourquoi ces cicerones portent à la main des lanternes en toute saison, et par les plus beaux clairs de lune, je dirai que Tunis ne possède le gaz que pour la forme. Le Bey a autorisé l'établissement d'une usine. Il autorise même les habitants de Tunis à se servir du gaz de cette usine, moyennant finance.

Mais lui, pour éclairer sa capitale, il n'en use pas.

C'est l'histoire du pâtissier. Il vend des brioches, mais il n'en mange jamais.

CHAPITRE VIII

Le théâtre à Tunis. — *Giardino Paradiso.* — La troupe italienne. — *Il Poeta e la Cantante.* — High-life tunisien. — Ruines de l'ancienne salle. — *Il conte di Monte-Cristo.* — Pourquoi l'on parle italien. — Projet d'un novateur. — Les Folies-Tunisiennes. — Une troupe digne de ce nom. — Avis aux dames artistes.

Qui donc m'avait dit qu'à Tunis le théâtre n'existait pas ? C'est une erreur.

Sur la Marine, presque en face de la résidence de France, se dressent les bosquets (arbres authentiques, rien du palmier en zinc) de l'établissement théâtral le mieux fréquenté qui soit. Il a été baptisé par son propriétaire *Giardino Paradiso.* C'est tout dire.

Moyennant un franc, versé sur le comptoir de l'honorable Italien qui le dirige, et qui est aussi limonadier pendant les entr'actes, on peut assister à la comédie, au drame, à l'opérette, à tout ! Car le Giardino Paradiso joue tout.

La même troupe peut exprimer, dans la langue du Dante, les sentiments les plus divers, avec ou sans musique. Il y a évidemment un poète dans la troupe, ou tout au moins un traducteur (*traduttore traditore*), car j'ai vu jouer hier la *Principessa di Bagdad*, de Alessandro Dumas junior ; je dois avouer que la comédie était si profondément *adaptée* au genre tunisien par le descendant de Torquato Tasso, que je n'y ai compris goutte. Avant-hier on jouait *Il Poeta et la Cantante*, quelque chose comme une pièce dramatique du Gymnase, au temps où le Gymnase jouait encore des pièces. Demain on commence *Monte-Cristo*, drame de Alessandro Dumas (il padre), lequel drame va durer quatre soirées, ni plus ni moins qu'au temps jadis au Théâtre-Historique.

Tout cela se joue sur une scène grande comme celle des défuntes Folies-Marigny. Le public est dans le jardin, fraîchement à l'ombre de grands arbres, et jamais il ne viendra à l'idée d'un entrepreneur d'amusements tunisiens, de bâtir un vrai théâtre, c'est-à-dire une salle fermée. Le Giardino Paradiso a l'avantage d'être un petit square. On y vient fumer le soir, et boire de la limonade en écoutant la comédie.

On écoute ou l'on n'écoute pas. Cependant, je dois dire que la colonie italienne, grande et petite, pauvre ou riche, formant à peu près toute la clientèle de l'établissement, le recueillement est de rigueur. Aux premiers rangs s'étalent les toilettes des jeunes dames et demoiselles du high-life italien, en permanence à Tunis. Les toutes belles font toilette pour venir au Giardino Paradiso, et on se croirait, pendant l'entr'acte, au concert Besselièvre (Dieu ait son âme), que nous avons connu si fringant.

La foule des Piémontais, terrassiers, rouliers, maçons italiens, portefaix siciliens et camelots napolitains de tout âge et de tout sexe, occupe les chaises du bas, les places à dix sous, sur les côtés, et boit les paroles des artistes.

Autrefois, paraît-il, il y avait un théâtre à Tunis. Mais comme tant d'autres, il a été détruit par un incendie. On en voit les ruines non loin du Giardino Paradiso. Dans ces ruines s'est installée une baraque foraine qui joue aussi la comédie, mais avec tous les désavantages de la baraque quand elle veut lutter contre le vrai théâtre.

Il n'était encore venu jusqu'à présent à l'idée de personne de construire une scène où l'on parlât français. Celle du Giardino était née des besoins d'une population italienne nombreuse, très assidue aux spectacles de tout genre, par hérédité. *Panem et circenses !*

Or j'apprends qu'on va installer ici les Folies-Tunisiennes. D'un autre côté, un industriel a l'intention de faire un véritable jardin-théâtre avec tous les charmes des Edens à la mode. Nous y reviendrons au chapitre des spéculateurs faméliques.

« Ce que la masse de la population française demande évidemment, ce que la présence toujours plus réelle d'un corps d'armée miné par l'ennui exige, me disait hier l'un des novateurs ci-dessus, c'est une troupe théâtrale, avec des hommes qui chantent et des femmes qui piaillent. La moyenne des Français adore ça, et vous verrez bientôt, je l'espère, la foule se presser au beuglant tunisien que j'ai l'intention d'édifier sur les ruines même de l'ancien théâtre.

On y entendra Mlles Clara, Malvina, Nana, Camélia et autres artistes en *a*, dégoiser aux voyageurs, aux touristes, aux officiers, sous-officiers, soldats et marins en permission de dix heures : *J'ai quéqu' chose dans l'œil, La Chaussée Clignancourt, Il n'en faut plus,* ou *Je suis la chérie à Gustave.* Au besoin, je pourrai composer des chansonnettes d'actualité : les *Adieux de Mustapha,* la *Douleur de Mohammed, Un Bey pour rire, Allons tous à la Goulette,* etc. Ce sera charmant. »

Ainsi parla l'un des novateurs, le moins artiste et le plus pratique peut-être !...

Que les mânes du Bœuf-à-l'Huile, ci-devant rue Soufflot, lui soient propices !

CHAPITRE IX

Le lac. — Clairs de lune. — L'aspect nocturne et l'aspect diurne. — Flamands roses et barques plates. — Fraîcheur de l'eau. — Qu'en ferons-nous ? — Qu'en feront-ils ? — Qu'en fera-t-on ? — Ce que l'on entend, et ce à quoi l'on rêve. — Le couvre-feu.

Ma fenêtre donne sur le lac.

Le soir, avec une jouissance indicible, j'en ouvre les persiennes, hermétiquement closes jusque-là pour cause d'effroyable chaleur. Il me semble qu'en enjambant la balustrade de mon logis, je vais passer sans difficulté sur la terrasse du voisin d'en face, puis de cette terrasse sur une terrasse plus éloignée, et ainsi de suite de maison en maison jusqu'au bord du lac, que les Arabes (soyons un peu *Dictionnaire de la Conversation*) appellent El-Bahira ou « la Petite-Mer ».

El-Bahira me laisse froid, malgré la latitude sous laquelle j'étouffe ; la Petite Mer n'appelle dans mon esprit, futile évidemment, qu'un piteux calembour dont les concierges de la rue Quincampoix feraient leurs délices. J'aime beaucoup mieux *le Lac*.

Le lac ! C'est bien le nom clair et limpide qu'il mérite, le bel étang bleu qui, dans le jour, reflète l'implacable azur et les minarets blancs de Tunis.

La ville étant étagée sur le bord le plus éloigné de la mer, chaque maison peut avoir cette vue sur le lac, qui coûte si cher en Suisse, et qu'ici l'on donne pour rien.

A la nuit tombante, après le dîner tunisien, qui est ridiculement fixé, pour les Européens des hôtels, à huit heures et même à neuf heures, toute la population ouvre ses persiennes et respire dans les déshabillés les plus blancs, le vent frais qui vient de la mer en ridant le lac.

Ce soir, la lune de juillet se montre justement dans son plein. Le lac étincelle sous une parure d'argent.

Il fait une petite brise qui donne aux lamettes de cette mer-joujou un aspect d'écailles lumineuses. On dirait un vivier poissonneux où des girelles phosphorescentes font, par milliards de millions, des cabrioles incessantes. La lune monte dans l'air comme une lampe merveilleuse. Sa lumière douce et nacrée baigne les dômes innombrables des mosquées, les minarets pointus qui se dressent au-dessus de la ville arabe, toute blanche aussi, et endormie. Le lac m'envoie une fraîcheur qui est le salut de ma journée.

Aussi suis-je accoudé sur le balcon, fumant lentement le tabac d'Orient. Je regarde, sans songer à l'heure, les montagnes bizarres qui bordent le lac à droite, s'estomper dans le lointain avec leurs dos de chameaux gigantesques, fuyant vers le cap Bon, et sur la gauche, le lac s'éloignant vers la plaine de la Goulette où je devine, sous la clarté lunaire, les gros cuirassés des puissances, immobiles au mouillage.

Cet aspect du lac, par les beaux clairs de lune, est tout différent par les nuits noires.

Généralement pendant les nuits noires, le lac pue. Il envoie des émanations doucement désagréables aux gens qui attendent de lui, ces soirs-là, la ventilation bienfaisante du crépuscule. On dirait qu'il y a coïncidence entre les noirceurs de la nuit et les puanteurs du vent. D'où vient ce vent, qui, tous les quinze jours au moins, fait puer le lac? Je l'ignore, mais il viendrait de l'Italie que je n'en serais pas surpris.

Ce soir, l'air est limpide, sonore ; la brise est fraîche et caressante. On voudrait, en voyant la grosse lune se mirer dans la petite mer, descendre en bateau jusqu'à la Goulette et chanter sur le lac quelqu'une de ces romances sensibles que le romantisme a perpétrées au temps de sa gloire.

Malheureusement quand le lac El-Bahira nous a donné quelques heures de rêverie mystérieuse et de positive fraîcheur, c'est tout. Il ne prend pas de voyageurs. On n'y saurait glisser en balancelle. Le tirant d'eau de la gondole vénitienne serait encore trop fort pour lui ; et si Guillaume Tell n'avait eu que ses profondeurs pour noyer le traître Gessler, ainsi qu'on nous l'apprend — à tort peut-être ? — à l'Académie Nationale de musique, cet acte de haute justice n'eût jamais pu s'accomplir.

Le lac de Tunis n'est un lac que pour les yeux. Le jour, quand il étincelle au soleil et que sa nappe bleue charme réellement les sens blasés des Tunisiens eux-mêmes, on aperçoit sur ses bords une zône vaseuse dans laquelle les flamands roses barbotent par légions entières. C'est la zône de dessèchement progressif du lac. Plus il va, plus il se concentre, plus ses rives se rétrécissent. Et, chose singulière, sa profondeur n'augmente pas. L'eau s'infiltre dans le sable, s'évapore aux grandes chaleurs de l'été ou se déverse petit à petit dans la mer par le mince boyau de la Goulette.

Que les hydrographes s'arrangent là-dessus ! Ce qui est certain, c'est qu'on ne peut aller en barque sur ce lac, à moins d'avoir un de ces bateaux plats, sans allure et ressemblant plutôt à des boîtes à cigares qu'à tout autre chose, qui font le gros factage à bas prix entre la Goulette et Tunis. Munies d'une voile latine quand il fait de la brise, ces boîtes à cigares, appelées *sandales* par je ne sais qui et je ne sais pourquoi, simulent assez au grand soleil les « oiseaux blancs » nécessaires à la poésie de tout lac bleu qui se respecte. Mais, outre qu'ils mettent un temps infini à venir de la Goulette à

Tunis (ils touchent très souvent le fond), leur marche n'est guère due qu'à des bâtons que les mariniers enfoncent dans la vase, et sur lesquels ils s'étayent pour avancer.

Voilà toute la batellerie de la petite mer. On avouera que le chemin de fer Rubattino, qui contourne le lac pour amener les voyageurs de la Goulette à Tunis, est de beaucoup supérieur à ces moyens nautiques de locomotion.

Raison de plus pour que l'imagination des Français qui cherchent fortune à Tunis travaille sans relâche à transformer le lac.

Qu'en ferons- nous? Ou bien si l'on veut rester dans les termes du protectorat pur et simple des Tunisiens; qu'en feront-ils? Enfin qu'en fera-t-on?

Le creusera-t-on pour faire un port à Tunis même? La concession est accordée par le Bey à une Compagnie française depuis deux ans déjà.

Le comblera-t-on après l'avoir desséché, pour donner libre carrière à la construction d'une Tunis moderne, qui irait vers la Goulette et finirait par rejoindre la mer, comme Athènes rejoindra le Pirée?

Si l'on creuse, disent les uns, ce sera la peste.

Si l'on dessèche, disent les autres, ce sera le choléra.

Déjà un industriel, en attendant la solution de ces questions similaires, a imaginé un bateau archi-plat, mû par la vapeur, qui commencera bientôt, dit-il, son service sur le lac de Tunis et fera concurrence au chemin de fer que les Italiens nous ont pris, avec la mauvaise foi que l'on connaît.

Je me demande où tourneront les roues de ce bateau, s'il est à aubes, et comment tournera l'hélice, s'il est à hélice, la profondeur du lac étant généralement d'un mètre.

En fumant, et en suivant dans le clair de lune brillant les rivages du lac bleu, mes yeux se sont arrêtés sur le point où fut Carthage. C'est loin d'ici, à deux lieues, près de la chapelle élevée à la mémoire de saint Louis.

Il ne reste de la ville antique que ses citernes fameuses, et le souvenir d'Annibal. Peut-être ai-je pensé à Didon, tout à l'heure, mais c'est bien plutôt aux amiraux qui l'ont suivie. Leurs flottes pouvaient se mouvoir à l'aise et évoluaient dans le lac de Tunis. Que les temps sont changés !

Puis, il me semble voir deux grandes ombres, deux ombres muettes, assises sur un rocher ; Marius rêvant sur les ruines de Carthage, et Flaubert rêvant à Salâmbo, à Mathô, à tous ses héros puniques.

L'air frais agite plus près de moi les gandouras blanches des messieurs et des dames qui prennent le frais avec leurs mioches, et qui évidemment rêvent aussi à Marius, aux amiraux, à Mathô et à Didon.

Mais les clairons du bey soufflent à la lune une sonnerie de couvre-feu qui tous les soirs blesse toutes les règles de l'harmonie. Aussitôt, un chameau, qui avec d'autres chameaux occupe l'écurie de l'auberge voisine, se met à entonner une chanson criarde. Un âne, un misérable âne qui me persécute tous les soirs aussi, se met à regarder la lune, dans la cour où on l'enchaîne, et fait une musique d'enfer. Il est tard et je dis adieu au lac pour aujourd'hui, car au milieu de ce vacarme on ne peut plus s'oublier dans les rêveries du passé.

CHAPITRE X.

Les souks. — Bazars et bazars. — Aspect saisissant. — La vraie vie tunisienne. — Bazar des parfums. — Bazar des savates. — Bazar des bijoux. — Bazar des étoffes. — Mohammed-el-Barouchi. — La belle Mosquée. — Une boutique à Tunis. — Emplettes nécessaires. — *Madame ? théâtre ?* — Le café mystificateur. — Bazar des selleries. — Bazar des fusils. — Bazar des tissages. — Bazar des bonneteries. — Bazar des coiffures. — Bazar des bazars. — Perdus dans l'islam ! — Jeu des coudes. — Vision du bey. — Fragilité des trônes. — Les bazars neufs de Kereddine. — Les faux bazars.

Les promenades dans les Souks ! Le dédale des bazars !

Il n'est pas d'impression vive qui soit aussi bien gravée dans mon esprit que celle-là !

Les souks de Tunis sont la merveille de Tunis. Il faut faire le voyage uniquement pour voir les souks : c'est l'évocation des siècles disparus, la résurrection du passé, car depuis cinq cents ans l'ensemble extraordinaire de ces bazars tortueux et sombres ne s'est pas modifié. Les planches pourries qui servent de toit aux rues, pour éviter le soleil, ont été placées là, bien sûr, par le barbier du Prophète, qui est enterré à Kairouan, et par tous les sous-barbiers contemporains de cet être illustre.

Pas une de ces horribles bicoques arabes n'a bougé depuis cinq cents ans, et dans cinq cents ans toutes seront encore là, blanches à crever les yeux, avec leurs jalousies vertes et leurs petites terrasses, massées par pâtés épais, de façon que les rues ne soient que des ruelles et les sentiers des sentines. Vienne la peste plutôt que l'insolation ! Aussi, sur toutes ces rues l'industrieux Arabe a jeté des planches qui forment le store le plus économique du monde. Elles pourrissent à peine, il ne pleut que pendant deux mois de l'année.

On affirme, — dans ce pays où il n'y a ni cadastre ni recensement, il faut se contenter de la formule *on affirme* — que la population de Tunis est de cent mille habitants. Je le crois volontiers, et je crois aussi que sur ces cent mille habitants, quarante mille demeurent au bazar, — dans le Souk, comme on dit ici. Car « bazar » est devenu vieillot et bien *Mille et une nuits*. M. Galland disait : « Aladin s'en fut au bazar ». Aujourd'hui, il est de bon ton de prendre l'habitude arabe et de dire :

— Où sont les souks ? J'ai besoin d'aller aux souks.

Pour moi, j'aimais mieux bazars et je tiens pour bazars.

Bazars ou souks, peu importe, d'ailleurs. La chose est extraordinaire à voir, de quelque nom qu'on l'appelle.

Elle se trouve placée au milieu de la bosse insensible sur laquelle Tunis est bâtie. On passe sous la porte espagnole, on enfile la première ruelle à droite. Une fois là-dedans, il n'y a plus à chercher. Deux points sont formellement acquis au voyageur. Le premier c'est qu'il a d'ores et déjà perdu son chemin ; le second c'est que tant bien que mal, après des détours sans fin dans un labyrinthe émaillé de burnous, de turbans et de moricauds couchés en travers des ruelles, le voyageur arrivera indubitablement aux bazars.

Les bazars forment le centre intellectuel,

commercial, industriel de la ville, comme la Banque, la Bourse, les magasins du Louvre, le quartier d'Aboukir et Montmartre forment les centres de Paris, — Paris étant en géométrie comme en politique toujours à l'état d'exception, et possédant plusieurs centres. —

Les bazars sont installés à la file. Ils occupent une superficie que je n'ose estimer. C'est une ville dans la ville. Au surplus qu'est-ce que le bazar? Une rue en colimaçon. Seulement cette rue, ou ruelle, au lieu d'être bordée de maisons bourgeoises, est bordée de boutiques sans nombre, qui sont collées les unes contre les autres.

Et quand je dis boutiques, je suis bien bon. Ce sont des échoppes, grandes comme une hutte de cantonnier. Il y a un comptoir, et sur le comptoir sont assis les marchands, les jambes croisées, la cigarette aux lèvres.

L'aspect de la succession des bazars est saisissant parce qu'on sent que l'Européen y est tout petit. Je ne parle pas au point de vue de la sécurité. L'Européen circule dans les souks avec une insouciance parfaitement justifiée. Mais il y est seul, ou à peu près, au milieu de quarante mille commerçants, acheteurs, vendeurs, ou fabricants, venus des points les plus divers de l'Orient pour faire fortune à Tunis ou pour y acheter des provisions et les emmener au désert par caravanes.

Chaque marchand a son aspect, sa *binette*. Les uns tout vieux, tout cassés, avec des lunettes bleues, les autres jeunes, bruns et barbus, beaux parleurs, avec la cigarette aux lèvres; ceux-ci tout endormis devant leurs produits, et ronflant de compagnie avec des amis qui sont venus s'asseoir aussi sur le comptoir; ceux-là tout rêveurs, marmottant des patenôtres ou tournant le chapelet des Orientaux sans penser à autre chose qu'à leurs comptes et à leurs bénéfices, — préoccupation que l'Européen prend pour de la dévotion pure. — Tout ce monde habillé de toutes les couleurs de l'arc-en-ciel, enfoui dans ces niches pleines de marchandises et parlant sans cesse, forme la partie sédentaire, immobile du souk.

L'autre est naturellement celle qui circule et achète, qui s'informe et qui marchande, qui conteste et qui dénigre, qui aune et qui essaye, qui paie et qui emporte au loin, qui crie et qui piaille, qui va et vient sans trève. Les deux parties font au total les quarante mille hommes ci-dessus. Leur aspect est indéfinissable.

C'est là-dedans que se déroule avec monotonie la vraie vie tunisienne, celle que nous ne voyons pas, que nous ne connaissons que par ouï-dire, qui s'écoule entre un plat de riz et une cigarette, la mosquée et deux ou trois femmes. Y perdons-nous grand chose?

Le premier bazar que l'on traverse est celui des parfums.

Il est situé sur un petit raidillon sombre et crasseux, toujours crotté malgré l'impitoyable sécheresse. C'est qu'on piétine sur place et qu'il y passe tant de monde ! C'est que la moindre fontaine voisine qui reste trop longtemps ouverte, forme aussitôt un lit bourbeux dans lequel on patauge si l'on veut acheter des parfums! L'étalage des marchands de parfums se compose de petites et de grosses chandelles, de cierges odoriférants, d'eau de rose, de chapelets à liqueur parfumée, de pastilles, de petites boîtes à pommades et dix autres objets sans grande valeur pour nous, mais que les Tunisiens, amateurs de bonnes odeurs, comme tous les Orientaux, estiment énormément.

En sortant du bazar des parfums, j'entre dans celui des savates.

Je ne sais si c'est là l'ordre topographique des bazars; mais pour moi, je prends toujours la même route, et je traverse toujours le royaume des savetiers après avoir flâné au milieu des parfumeurs. Le parfum change, hélas ! et il y a dans cette « saute d'odeurs » une brusquerie qui est originale. Le royaume des savates sent le bouc à plein nez, la chèvre, le chevreau, je ne sais quoi encore, mais il sent tout cela, je l'affirme, avec une intensité fantastique.

Cela pue, cela vous prend au cœur, et on se sentirait défaillir à moins. Sur la gauche et sur la droite sont les échoppes. Et sur les comptoirs, tous les savetiers sont assis, cousant, rapiéçant, fignolant. Jeunes ou vieux, ils sont tous graves. Avec ou sans lunettes, ils opèrent en silence et solennellement. Dans ce pays on ne se déride jamais. Je n'ai jamais vu rire un Musulman. Le Coran défend le rire.

Mes savetiers favoris sont deux vieillards et leurs deux jeunes fils, au total quatre personnages ordinairement muets, qui poussent l'alène, dans le cuir jaune et rouge, avec une dextérité vraiment remarquable.

Négligeant les cinquante autres échoppes de cordonniers, je m'arrête chaque jour devant la leur, et je les regarde faire.

Cette contemplation m'a fait étudier les catégories de chaussures qu'on porte en Tunisie. Le type le plus commun, le type fondamental de la chaussure des hommes et des femmes, — les femmes des harems et les juives toujours exceptées — est la savate jonquille, jaune cru, éclatante, large avec un petit talon tout en cuir sans clous, et faite pour être portée à bas-talon. Si l'on regarde les pieds des cent mille habitants de Tunis, on apercevra quatre-vingt-quinze mille paires de savates jaunes, avec une grande patte bordée d'un cordonnet de soie verte ou bleue. Il y en a aussi de rouges, en cuir aussi solide. Mais elles sont plus rares.

La savate jonquille court l'Afrique. — On la fabrique admirablement à Tunis, où c'est une spécialité. Mes quatre savetiers sont entourés de piles énormes de savates, de pyramides multicolores, où les pieds de tout l'Islam ont leurs mesures calculées et où les Européens viennent régulièrement acheter un exemplaire de la marchandise locale.

Ils font aussi des babouches pour dames, que confectionnent leurs confrères également. Ce sont des babouches dans lesquelles le petit pied de la femme des harems entre à peine, et que les rares personnes du sexe que nous voyons circuler chaussent délicatement du bout de l'orteil.

Après le bazar des savates, celui des bijoux.

Je n'y entends rien et je n'ai jamais su distinguer une bague de dix francs d'un joyau magnifique, fût-il celui « que portait autrefois l'Empereur Constantin ».

Cette réminiscence de la *Juive* s'explique. Le bazar des bijoux est presque entièrement aux mains des fils d'Israël. Ils sont là, dans des échoppes aussi — méprisés des autres et injuriés; s'attendant à être exterminés tous les soirs, à être pillés et pendus tous les matins.

Singulière et inexplicable destinée de ce peuple!

Son étrange opiniâtreté à revenir sur les cendres de ses maisons incendiées prête aux réflexions les plus amères et les plus tristes. Mais ce n'est pas ici le lieu de leur donner carrière. Aussi bien, soyons éblouis par la magnificence des bracelets, des pendants d'oreilles, des pierres précieuses, des rubis, des perles et des saphirs, qui grouillent pêle-mêle dans ces niches dont ne voudrait pas, bien sûr, le dernier de nos marchands de journaux, et passons à l'admirable bazar des étoffes.

Là, tout s'élargit un peu. La rue d'abord, et c'est heureux. La colline sur laquelle on grimpe depuis le bazar des cires et parfums, est à peu près gravie. C'est à son sommet que se trouve la mosquée principale de Tunis; et le bazar des étoffes longe la mosquée.

Il est couvert, celui-là, par une série de toitures plus respectables que les planches, et supportées par des colonnes en bois, sculptées au fronton, badigeonnées de rouge avec des filets verts. De la voûte, pendent par centaines, les foulards, les mouchoirs, les carrés d'étoffe de toute couleur et de tout usage. On dirait une exposition de drapeaux comiques, car le foulard tunisien, qu'il vienne de Kairouan ou simplement de Calcutta par les paquebots anglais, affecte toujours des dessins bizarres et des couleurs voyantes.

En allant vers la mosquée, qui se trouve au milieu de la ligne des échoppes aux étoffes, on n'aperçoit que tissus éclatants, broderies, soieries, caftans, turbans, gandourahs, tapis de toute sorte. C'est le bazar où la coquetterie des Tunisiens et des Tunisiennes va s'exercer chaque jour. C'est celui où l'on dépense le plus d'argent, car il contient les vêtements et les parures de soie si chères aux gens de ce pays.

Le plus grand magasin de ce bazar où des centaines de mille francs sont entassées, est celui de Mohammed-el-Barouchi, jeune Maure à l'œil exercé, habile au commerce, cossu, et grand ami des Européens, ce qui ne gâte rien.

La boutique du Barouchi a deux mètres de large et quatre mètres de long. Le Barouchi se tient là-dedans avec toutes ses marchandises, dont le stock courant peut être évalué à 150,000 francs, chiffre qui paraîtra fantastique, mais que je crois exact.

Dans son exiguité parfaite, la boutique du Barouchi est la plus belle du bazar de Tunis; c'est la plus riche. C'est la plus vaste, car on y peut tenir à trois. Elle est encombrée de piles de laine et de soie, de burnous richissimes et de fez aux glands bleus énormes, de pistolets artistement ornés d'argent ou de nacre, de fusils de luxe, de plats anciens et de babouches de Constantinople, faites de velours et brodées d'or, de tapis de la côte orientale, de sabres damasquinés pour les cheiks riches, de cravates rouges, bleues, vertes, destinées aux dames des harems, des rideaux soie et laine tissés au bazar même, — un peu plus loin, dans le bazar des tissages, — d'objets de luxe et de nécessité de toute sorte, en un mot de tout ce qui donne à l'Orient sa couleur et sa vie.

Ce Barouchi, marchand de couleur locale, est gâté par les consuls, par les femmes des consuls, par les amis des consuls, par tous les voyageurs qui viennent à Tunis et qui ne s'en vont jamais de la ville sans avoir acheté des objets d'Orient chez Mohammed.

Je flâne chaque jour dans sa boutique. Comme je lui avais acheté des « présents » pour Paris, lors de mon premier voyage, il m'a reconnu cette fois et me traite, je veux dire qu'il me vole en client, en véritable client. Quand je passe devant sa boutique, où deux ou trois interprètes de rencontre stationnent toujours, aux appointements modiques de dix caroubles par jour, j'entre et je regarde les Européens faire leurs emplettes.

Quand je dis que j'entre, j'exagère.

Je m'asseois sur l'une des piles de tapis qui sont à la porte, disposées-là pour offrir aux clients les commodités de la conversation. Barouchi trône dans sa petite boîte et déplie des étoffes devant moi, par déférence, par plaisir, par amour-propre. Pendant ce temps Achmet ou Ismaïl, l'un des deux servants stationnaires, va chercher le café. Si un Européen est survenu, et qu'il se soit assis sur l'autre pile de tapis, l'Arabe arrive avec trois tasses de café à la turque. C'est une attention délicate du Barouchi pour les visiteurs qui l'honorent de leur confiance. Il y a longtemps que le Barouchi offre le café à ses clients, en manière d'introduction aux affaires sérieuses. On voit que rien n'est nouveau sous le soleil, et que les rafraîchissements du *Bon Marché*, à Paris, avaient un précédent à Tunis, chez le Barouchi.

A ce moment, le marchand, qui suit de l'œil les physionomies de ses visiteurs, déplie les étoffes de soie blanche, les cachemires, les sorties de bal, dont les dames tunisiennes font des sorties de bain, et toutes les parures qui lui paraissent s'appliquer à nos fêtes théâtrales ou mondaines, dont il a entendu parler.

Chaque fois qu'il déplie une de ses confections orientales, il tourne sur ses talons, s'enveloppe dans le vêtement de soie, s'y drape complaisamment, incline la tête comme une petite coquette, et dit en souriant, pour expliquer l'office du vêtement :

— Madame... Théâtre!...

Madame... Théâtre!... Avec ces deux mots, les seuls de la langue française que le Barouchi connaisse, notre homme explique toutes ses marchandises. Il les jette négligemment sur ses épaules, s'en pare avec grâce, et finit toujours par en *placer* pour quelques centaines de francs aux visiteurs satisfaits.

En quittant ce *Louvre*, ce *Bon-Marché*, ce *Petit*

Saint-Thomas des souks tunisiens, je passe dans le bazar des selleries.

Là, ce ne sont que bourreliers accroupis au milieu des brides, des selles, des étriers, des mors, des caparaçons, tout de cuir rouge, sang de bœuf, avec des ornements de filigrane et d'argent massif, qui font rêver aux Fromentin et aux Horace Vernet les plus fastueux.

On sait avec quelle tendresse l'Arabe pare et soigne son coursier. Cette sollicitude nous a valu une insupportable romance que je voudrais voir au diable, car elle a faussé les idées de nos bonnes gens de France sur les qualités et les vertus des fils du désert.

Mais plus encore que les Arabes de l'Algérie, ceux des provinces tunisiennes ornent leurs jolis chevaux gris, comme ils orneraient le cou et les épaules de leurs femmes, si la loi du prophète n'ordonnait pas que leurs femmes doivent vivre et mourir sans être parées pour autrui.

Le bazar des selleries est d'un luxe inouï. Il y a des harnachements de mules couplées qui valent deux mille francs, et qu'on paierait cinq mille francs à Paris, sans marchander. Ce sont de véritables parures de cuir rouge et d'argent incrusté. On voudrait acheter toutes ces merveilles, confectionnées sur un modèle évidemment monotone, mais par des artistes consommés. Le malheur est qu'avant d'acheter les harnachements il faudrait faire l'acquisition des deux mules. Or, le prix de ces mules — on les voit passer avec envie attelées aux voitures du Bey — est fort élc [illegible] et les mules mourraient en France de froid et d'ennui.

Après le bazar des selliers, le bazar des arquebusiers.

Dans les échoppes de Tunis, on continue à fabriquer de beaux fusils à crosse carrée, dits canardières, comme en 1830, comme au premier jour de l'adoption du fusil à pierre par les fils de l'Islam. Les Tunisiens fabriquent pour toute la Régence, comme Saint-Etienne pour la France entière.

On ne voit dans les échoppes de ce bazar que gens à figure rébarbative, frappant sur l'enclume et clouant les armes, limant, astiquant, vernissant. La traversée de ces taudis noirs, d'où cent mille fusils ou pistolets sortent chaque année pour armer le désert, ne laisse pas de rendre l'Européen songeur.

Une particularité me frappe. Dans les métiers bruyants, en France et en Europe, l'ouvrier chante ou siffle pour égayer son ouvrage, ou pour mélanger au bruit de ses outils un semblant d'harmonie. Ce sifflement ou ce chant, encore qu'ils soient presque toujours langoureux et tendres — le peuple est ainsi porté aux romances et aux mélodies plaintives — décèle la sérénité de l'âme, peut-être la joie, en tous cas la mansuétude. On sent que ces siffleurs et ces chanteurs ne feraient pas de mal—à moins d'être excités au mal par l'ivresse ou une colère déterminée, passagère.

L'ouvrier du bazar des armes, et aussi bien l'ouvrier tunisien des autres bazars, ne chante jamais, et siffle encore moins. Il est sombre, il a l'œil faux du musulman fanatique. Il travaille parce que la fatalité le veut. Je pense qu'il ne gagne pas grand-chose, mais là n'est pas sa préoccupation, du reste. C'est un être incompréhensible, toujours muet, à l'œil toujours mobile. La race est faite ainsi.

Puis j'entre dans le bazar des tissages, où des petits jeunes gens filent de la soie et tissent au métier, comme nos paysans de Normandie font de la cotonnade. Ils combinent ainsi, sur un dessin donné par quelque Maure artiste, les dessins les plus originaux. Les teinturiers sont tout près, et l'on entre, en faisant un détour, sous deux ou trois voûtes lézardées, qui supportent des maisons par douzaines, dans le bazar des bonnetiers.

C'est là que j'ai eu la vision la plus étonnante de la vie du souk et de la couleur orientale, qui ruisselle si violemment dans les ruelles de Tunis.

Les bonnetiers sont tous de vieilles gens. Ils occupent des échoppes assez larges, profondes et divisées en trois pièces. Dans la première de ces pièces se trouvent des panneaux sculptés, des portes ouvragées, qui viennent certainement des anciens Maures d'Espagne, et qui paraissent avoir été la décoration favorite de cette catégorie de marchands tunisiens. La seconde pièce est occupée par une manière de pressoir à grosse vis de bois, qui tient toute la place, et qui servait autrefois à je ne sais trop quel office. Je dis autrefois, car le bazar des bonnetiers est un bazar mort. On n'y travaille plus.

Dans le fond, dans la troisième pièce, se tiennent les survivants de cette industrie disparue, qui cousent encore à la main, dans la maison qu'habitaient leurs pères. Cette troisième pièce serait complètement dans l'ombre si une ouverture pratiquée dans le toit ne permettait à la lumière crue, tombant du plein ciel, de l'éclairer violemment. Chacune des pièces étant ornée de verrines grossières, l'aspect des vieux Maures à lunettes, penchés sur leur tapisserie au fond de la boutique séculaire, est saisissant ; on croirait voir un Holbein lumineux, quelque tableau de Téniers ou de Rembrandt illuminé par le soleil d'Afrique. Ces bonnes gens mourront là, leurs enfants aussi, derrière les pressoirs inexpliqués. Les petits revenus de la pseudo-bonneterie, qu'ils ont à cœur de ne pas laisser mourir tout à fait, leur suffisent.

Ils continueront longtemps, je l'espère, à se baigner dans la lumière éclatante, au fond de leurs trous noirs, pour la plus grande satisfaction des voyageurs assoiffés d'originalité.

Mais où donc sont les peintres? où donc vont nos jeunes gens qui sortent des ateliers? Ils ne savent donc point où est Tunis, que pas un n'en peint les admirables dédales, inconnus et vierges jusqu'à ce moment?

Des bonneteries, je continue ma promenade par le bazar des coiffures, fez, turbans, ou bonnets de toute couleur.

Enfin j'arrive au fourmillement populaire, à la halle en plein air, au bazar des bazars, à la place de Dar-el-Bey, où se font les ventes à la criée.

Les races les plus diverses sont mélangées sur cette place et une bousculade permanente y renverserait les Européens s'ils n'avaient la présence d'esprit de jouer des coudes. Tout le monde crie, discute, débat les prix. Une espèce de commissaire priseur en robe de chambre et en turban, met aux enchères un tas de loques, de vieilleries, de tapisseries, de ferblanteries, d'armureries. Les Maures à l'allure superbe, aux robes lumineuses et chatoyantes, se coudoient, se pressent. Il y a là dix mille Tunisiens et Arabes. Je suis perdu dans l'islam comme le petit Poucot dans les forêts, ou Gulliver chez les géants de Brobdignag.

Il y a des jours où, de cette place ensoleillée, je vois le Bey apparaître à l'une des fenêtres de Dar-el-Bey.

Assis sur un fauteuil doré, capitonné de rouge, le Bey, pensif et ahuri, regarde son peuple. Mustapha, en fidèle serviteur, est à côté de lui. Le Bey a l'air d'un bon vieux qui en a par dessus la tête, et du trône, et de la Tunisie, et des Français, et de Mustapha, et des Italiens et du reste. Il est vrai que le reste tient dans la vie des musulmans une telle place, que l'âge aidant ils sont vite abrutis. Ce qui est pis, ils portent la trace du plus complet abrutissement.

Les Tunisiens lèvent timidement les yeux sur leur Bey et le saluent avec respect. Ils sont parfaits de dévotion. Le Bey répond de temps en temps en fronçant le sourcil, par manie et par fatigue. La vue de ce monarque ridicule et de ce ministre singulier m'inspire chaque fois de tristes réflexions. Mais j'ai promis de n'en point faire au cours de ce livre, et je tiendrai ma promesse.

Il y a, le long de Dar-el-Bey, près de la kasbah, de beaux bazars neufs, construits par Kéreddine. C'est le progrès. Aussi sont-ils inoccupés. Dans quelques autres bazars voisins et neufs aussi, très larges et bien aérés, tout est aligné à l'européenne. La couleur et la saleté en sont absentes. On y entend parler le français et l'italien.

Ce sont de faux bazars, car les marchands n'y tiennent que les articles venus de France et d'Angleterre.

On y rencontre des commis-voyageurs de Lyon pour les soieries, de Rouen pour les draps, d'Orléans pour les fez, et de Sheffield pour les couteaux.

C'est banal.

CHAPITRE XI

Le télégraphe. — La télégraphie arabe. — Emploi de l'électricité par les musulmans. — Incurie française. — La question des câbles.

J'ai chaque jour maille à partir avec le télégraphe. C'est grand dommage, car les employés, qui sont Français, ont pour les Européens des trésors d'amabilité. Mais ils ne sauraient être rendus responsables de la maladresse qui vient d'en haut, c'est-à-dire de Paris.

Le télégraphe tunisien est français, comme la poste. C'était déjà un fait acquis avant l'expédition de Tunisie. Un contrat, passé entre la France et le Bey, assurait moyennant redevance, « les bienfaits de la civilisation » à toute la Régence, ou du moins, à la portion de la Régence où se font les transactions. La conséquence de ce contrat fut l'établissement d'une ligne postale allant de Bône à Tunis, une fois par semaine, et l'installation d'un fil télégraphique à travers la Régence, entre Tunis et la frontière algérienne, par le Kef.

Puis, les recettes augmentant, on posa un fil nouveau entre Tunis et Sousse, puis un autre de Sousse à Sfax, de Sfax à Gabès et de Gabès à Djerba.

Le bras de mer qui sépare l'île de Djerba de la côte fut franchi par un petit câble de quelques centaines de mètres.

On eut alors le spectacle vraiment curieux d'un peuple sauvage, respectant, pendant des mois, des centaines de kilomètres de fil qui couraient au travers de déserts immenses, suivant la vallée de la Medjerdah et contournant le Sahel. Ces mêmes Arabes qui, depuis le début de la campagne, coupent sans relâche ces mêmes lignes télégraphiques, ne les ont pas détruites une seule fois pendant trois années consécutives. Ainsi, deux jours avant la signature du traité du Bardo, un voyageur qui se serait trouvé dans l'île de Djerba eût pu aisément expédier à Paris une dépêche de dix mots pour vingt sous, le tarif de la Tunisie étant le même que celui de l'Algérie, de dix centimes par mot.

Il y a six cents lieues. J'ai trouvé cela tout simplement stupéfiant.

Il faut, pour que le chaos ait succédé à cet admirable ordre de choses que les Tunisiens du désert aient été bien excités contre nous, car ils adorent le télégraphe, les malins, et ils s'en servent avec une passion réelle.

L'Arabe est, par nature, prompt, impatient, désireux de faire rapidement ce qu'il a projeté. Ainsi, dès que la pacification de l'Algérie permit d'établir des diligences dans la colonie, le succès obtenu par ces vénérables moyens de locomotion fut prodigieux. Toute la population indigène, qui n'avait, pour se rendre du douar à la ville que de petits ânes maigriots et poussifs, se précipita dans les *gondoles*.

Quand vinrent les chemins de fer, qu'on prolonge si lentement et dont une administration imbécile a ralenti comme à plaisir l'extension, ce fut bien autre chose. De la frénésie! Prenez le train qui va d'Alger à Oran, par Affreville et le Chéliff. Vous y trouverez quelques Européens ; le reste se compose d'Arbis aux burnous plus ou moins sales.

Ils vont en troisième classe. Les chefs vont en seconde.

Ils ont compris que le *chimin di fi*, comme ils appellent la chose, valait mieux que la bourrique et même que le fougueux coursier, dont les poètes, toujours généreux, les ont si souvent gratifiés dans leurs vers.

Rentrons en Tunisie. C'est le même esprit de promptitude. Le chemin de fer de Tunis à Ghardimaou, frontière algérienne, est bondé d'Arabes.

Le télégraphe les a encore plus étonnés. Penser que la parole se transportait sur ce fil de laiton à travers les solitudes immenses, que le plus agile des chevaux mettait deux jours et deux nuits à parcourir ! C'était diabolique. Et on craignit un moment, en effet, que les marabouts n'indiquassent à ce pauvre peuple, — si intelligent et si abruti par la religion de son Prophète — en quel point ces inventions des Roumis blessaient la loi de Mahomet. Erreur complète. Il est, paraît-il, des accommodements avec la loi d'Allah, car les marabouts imaginèrent que Mahomet avait prédit le mystère du télégraphe en écrivant, je ne sais trop dans quel chapitre, cette phrase qui ne le compromettait pas beaucoup, on en conviendra, et dont l'élasticité fait rêver à la bêtise de ses apôtres :

« Les siècles à venir nous montreront des « choses incroyables, que nous ne connaissons « pas encore aujourd'hui. »

Le bureau du télégraphe de Tunis est toujours encombré d'Arabes. Ils remettent leurs télégrammes en français. Des traducteurs amicaux leur transforment ainsi la dépêche primitive, et à l'arrivée, une opération du même genre s'accomplit.

Mais, dans les petits bureaux comme le Kef, Sousse, Sfax, Gabès, Djerba, on devine que c'est presque en famille que la traduction s'exécute.

L'agent français est à son appareil ; il reçoit la dépêche. Il fait prévenir Mohammed ou Ibrahim à qui elle est adressée, et il la lui remet en lui en donnant, sur la demande de l'Arabe, une traduction immédiate. Il s'agit toujours d'olives, d'étoffes, de commerce en un mot, ou de nouvelles de maladie et de mort ; aussi les agents du télégraphe français ont-ils accompli en Tunisie, avant l'ouverture de la campagne, une mission réellement patriotique.

Au point de vue de l'influence française, leur concours est très précieux. On imagine aisément, en effet, l'autorité presque sacrée qu'ont prise sur les Arabes les gens qui disposent ainsi de la vitesse et de la pensée, comme Allah dispose de la foudre. Ils ont eu leurs héros, M. Roy au Kef, et M. Gau à Sfax.

Un employé du télégraphe de Tunis m'a conté qu'un jour, messieurs les Arabes avaient imaginé quelque chose de tout à fait européen.

Au lieu de communiquer entre eux, pour fomenter le commencement de l'insurrection de juin, par le moyen antique et toujours usité chez eux, des feux nocturnes au sommet des collines, ils employaient tout simplement le télégraphe français avec des phrases conventionnelles.

Achetez vingt quintaux d'huile à Sfax voulait dire, comme dans notre bonne rouerie européenne : *Préparez-vous à massacrer les Français.*

Ce fut au moment où l'on découvrait cette supercherie que le télégraphe de Sousse à Sfax fut coupé. Il n'a jamais été rétabli.

Bientôt on apprit la rupture du fil de Gabès à Djerba. La semaine dernière, avant-hier, hier, je ne sais plus quand, on a coupé celui de Tunis à Sousse et à Mehdia pour la sixième fois. Le moment va venir où l'insurrection sera telle que personne ne pourra plus aller le réparer, et alors on sera tout à fait sans nouvelles.

De même pour l'ouest. Entre Tunis et la France, on en est encore, après quatre mois de campagne et la perspective d'une année d'escarmouches incessantes, au vieux fil qui court à travers le désert, de poteau en poteau, et de douar en douar. On a bien mis deux fils au lieu d'un, mais avec cette intelligence qui caractérise l'administration que l'Europe nous envie, on les a mis tous les deux sur le même poteau.

L'incurie française est vraiment hideuse.

Il y a ici trente ou quarante personnes qui font chaque jour la correspondance télégraphique du gouvernement, des journaux, des chambres de commerce de Marseille, Cette, Lyon, sans compter les étrangers qui envoient des dépêches particulières sans nombre. Il y a pléthore de recettes, car tout cela se paie, sauf les télégrammes officiels, et je sais que le bureau de Tunis fait depuis le mois d'avril de magnifiques affaires.

Or, le ministre despostes et des télégraphes de France n'a pas encore eu l'idée d'immerger un câble de Tunis directement à Ajaccio, le point le plus rapproché du territoire français.

D'Ajaccio à Marseille le câble existe; le gouvernement et le pays eussent donc été depuis longtemps, en supposant des gens actifs au pouvoir, et je croyais M. Cochery actif, — en relations incessantes avec Tunis.

Tandis que maintenant c'est le désordre et le gâchis les plus complets. Tunis n'a plus de dépêches de Paris, et Paris n'a plus de dépêches de Tunis.

Un câble était aussi nécessaire le long de la côte sud-est pour relier par mer Sousse, Mehdia, Monastir, Sfax, Gabès et Djerba, et défier par une communication de tous les instants les projets agressifs des Arabes pillards. Un enfant l'eût reconnu sans perdre un jour.

Ah bien oui ! un câble ! Monsieur, vous voulez rire, disent à Paris les bons chefs de bureau, les *ronds-de-cuir*, qui sont aussi ronds-de-cuir dans la télégraphie que dans les autres branches de la bureaucratie française. Vous voulez un câble de Tunis à Djerba pour savoir ce qui se passe sur la côte? Un câble, cela coûte de l'argent, monsieur.

Et cet argent, on en décuple la dépense en restant sans nouvelles du sud, en expédiant à faux des troupes inutiles, ou en ne faisant pas partir à l'heure des troupes attendues.

Sans compter le sang de ces pauvres soldats que le rond-de-cuir ne mêle en aucune façon à la question des câbles. Le rond-de-cuir ne s'imagine pas qu'en protestant contre un câble desservant toute la côte tunisienne, il prend une part de responsabilité criminelle dans la mort injuste de nombreux troupiers, qui ne lui ont rien fait.

CHAPITRE XII.

Les Tunisiennes. — Celles qu'on voit et celles qu'on ne voit pas. — Promenades inconsidérées des Juives. — Le jour du sabbat. — Les Juives et les officiers français. — Siciliennes et Calabraises.

Les amis que j'ai laissés en France me regarderont malicieusement quand je reviendrai à Paris.

Je connais cela. Déjà, lors d'un premier voyage, ces messieurs m'ont accablé de questions, toutes plus indiscrètes les unes que les autres...

Je ne voudrais pas que le lecteur pût croire que je vais poser ma candidature au prix Monthyon, mais il faut pourtant que je lui déclare que les nuits tunisiennes au point de vue délicat que je viens d'indiquer, n'ont absolument rien de ce que les amis de France supposent.

De même que les bonnes gens de Figeac se représentent volontiers les journalistes de Paris. (*sic*) écrivant leurs articles avec une danseuse de l'Opéra sur chaque genou, de même les bonnes gens de Paris s'imaginent que Tunis, la nuit, donne aux Européens le spectacle des plus enivrantes bacchanales. On se figure volontiers, dans la rue Saint-Denis, que la soie, l'or, les lumières, forment le fond magique d'un tableau au milieu duquel les odalisques les plus suaves exécutent les pas lascifs connus sous le nom de *Danse des almées*. On se figure... Je ne veux pas dire ce qu'on se figure encore ; je serais *schoking*.

Eh bien on a tort, dans la rue Saint-Denis, de se figurer tout cela. Les dames tunisiennes, pour classifier la gent féminine, sont d'abord retirées chez elles, en leurs appartements, d'où elles ne sortent que rarement, et voilées, conformément à la loi regrettable du Prophète.

On peut donc être certain que ni les pachas, ni les grands seigneurs tunisiens, qui sont les seigneurs les plus comiques du monde, mais aussi les plus jaloux, ne nous inviteront à voir chez eux mesdames leurs épouses danser un petit rigodon.

Voilées le jour, enfermées la nuit, et à la disposition de leurs soupçonneux maris, les dames tunisiennes sont pour nous lettre morte. Je suis ici depuis quinze jours. Voilà deux fois en six mois que je viens à Tunis et jamais je n'ai vu le bout du nez d'une vraie dame tunisienne.

Je ne parle pas de celles qui, élevées à l'Européenne, se promènent en voiture à visage découvert, avec des chapeaux et des robes qui viennent de la rue de la Paix.

Non, je veux parler des Tunisiennes de race. Eh bien, nous ne voyons, nous autres Français, pas le bout des doigts d'une musulmane *chic*. Il m'est donc impossible de dire si les musulmanes *chic* de Tunis sont jolies, comme on l'a prétendu dans certains ouvrages déjà vieux, et comme les peintres nous l'ont fait accroire en abusant de la beauté du Diable dans leurs compositions.

Les femmes seules des Européens peuvent entrer au harem. Voulez-vous avoir une certitude à l'égard de cette délicate question de la musulmane tunisienne? Emmenez madame votre épouse à Tunis et donnez-lui commission de visiter le harem d'un personnage à qui l'on vous aura recommandé. Elle vous rapportera ses impressions. Mais je dois ajouter qu'il y a fort à parier que ces impressions seront faiblottes.

Passons à une seconde catégorie de femmes : celles qui vont souvent dans la rue, voilées. — Ce sont les vieilles musulmanes. Le Tunisien jaloux ne laisse pas sortir ses jeunes perdreaux ; mais les vieilles dures à cuire ont toute liberté pour aller au marché faire les emplettes de toute sorte. Ce sont de vieux parchemins ambulants, pour employer l'expression peu correcte d'un de mes amis. A peine si un morceau d'étoffe noire, souvent transparente, couvre leur nez, qu'on devine horrible, leurs yeux qu'on voit tout gris, et leurs joues qui doivent être rugueuses, jaunes, sales. Cela pousse de petits cris en marchant, comme des chiens de la Havane à qui l'on tirerait les barbes.

De temps en temps cette bête humaine vous regarde avec terreur. Elle s'éloigne instinctivement du *Roumi* dont elle a peur, je ne sais certes pas pourquoi. Ses pieds de cire traînant dans ces savates éculées que tout l'islamisme se glorifie de porter, et sa main osseuse, amaigrie, tient un *coufin* ou panier en alfa, très commode et spécial à l'Afrique du nord. Ces Tunisiennes-là sont les Tunisiennes du peuple.

Elles tiennent le milieu entre les femmes tunisiennes du grand monde — celles qu'on dit si belles et que personne ne voit — et les ânes sur lesquelles MM. leurs maris tapent comme des sourds. Quelqu'un l'a dit justement : la femme musulmane est selon sa caste, courtisane ou bête de somme.

Passons à la troisième classe des Tunisiennes : celle des Juives. Là tout est nouveau pour nous. Tout est curieux, original, singulier, fantastique, et je fais l'étonnement des Européens habitant Tunis, avec mes étonnements à moi, quand je vois passer les Juives. En interrogeant bien ces Européens, je vois que leur surprise fut aussi grande que la mienne, la première année de leur séjour ici, et qu'ils ne se sont habitués aux Juives et à leur singulière existence, qu'à la longue.

Il y a quinze mille Juifs à Tunis. Ils occupent

tout un quartier, d'où il leur était défendu de sortir, il n'y a pas encore bien longtemps.

Aujourd'hui les Juifs et les Juives peuvent aller dans certaines rues où demeurent les Mahométans. Mais leur promenade favorite, le jour du sabbat, c'est l'esplanade européenne de la Marine. Au moins là, hommes et femmes peuvent se promener sans craindre d'être inquiétés. Les habitants de la Marine étant tous des gens civilisés, ne font pas plus attention aux Juifs en promenade qu'aux beaux Tunisiens pur sang qui exécutent leur *persil* à six heures du soir.

Hier samedi, jour du sabbat, j'ai assisté au défilé de toute la juiverie tunisienne sur la Marine.

Il était huit heures et demie. Les nombreux officiers qui viennent à Tunis, de la Manouba, de Fernana, de Carthage et autres campements français, finissaient de dîner au Grand Hôtel. Il fallait voir l'admiration des Juives qui passaient devant les fenêtres éclairées du restaurant. Elles marchaient comme de grosses toupies d'Allemagne, par groupes de quatre ou cinq. Un Juif, père, époux ou frère, les suivait en surveillant le troupeau. Il y avait ainsi cent ou deux cents troupeaux.

Femmes de trente, de vingt, et de seize ans, fillettes de dix à douze ans, toutes accoutrées comme je l'ai dit plus haut, avec leurs habillements de soie rose, verte, jaune ou bleue, leurs bonnets poïntus, leurs grosses dentelles autour de leurs gros cous, leurs jambières d'or autour de leurs grosses jambes, leurs joues renflées de graisse et leurs gros yeux sortant de l'orbite, leurs pantalons immoraux et leurs babouches dorées, elles éblouissaient les officiers nouveaux venus, autant que ceux-ci les éblouissaient elles-mêmes.

Il convient de dire que l'ignorance misérable de cette population juive est telle, que les femmes et les hommes croient que nous sommes les conquérants de toute l'Afrique, et que nous allons enfin les délivrer de la sujétion infâme où les tiennent les Musulmans.

Les fillettes qui accompagnent leurs mères ou leurs sœurs dans cette promenade du samedi sont pour la plupart jolies. Elles n'ont pas eu le temps d'être engraissées et déformées par l'usage stupide de l'empiffrement en vue du mariage. Elles ont de beaux yeux noirs, mélancoliques. La peau est légèrement olivâtre, le teint mat, les cheveux noir de jais. La toilette est simple : un caleçon collant et une petite chemise de soie rose ou jonquille. L'attitude en dépit de ce costume de bayadère, est humble et modeste, sans afféterie. Les pauvres enfants ne sont pas toutes mûres, sans doute, pour l'ignoble commerce que beaucoup de mères juives font de leurs filles.

Telle est la population féminine de Tunis. Je n'entreprendrai pas de décrire une quatrième classe de femmes, qui n'a celle-là, rien d'original, celle des Françaises, Italiennes et Anglaises résidant à Tunis. Ces dames de la colonie européenne sont généralement assez fagotées.

Elles s'obstinent à copier les modes de Paris, à se serrer dans de ridicules corsets.

J'ai vu passer sur la promenade aujourd'hui une famille composée de la mère, grande coquette, et des trois filles, toutes trois à marier. Jamais Velasquez, l'homme du monde qui a fait aux femmes les plus petites tailles, n'a imaginé des corsets étuis comme ceux de ces dames, italiennes d'ailleurs (mais les Françaises en portent aussi). Par trente-deux degrés de chaleur, à sept heures du soir, c'est folie, franchement. Et si j'étais que de la maman de ces demoiselles, je les habillerais tranquillement à la tunisienne. Les trois jeunes filles respireraient plus à l'aise ; comme elles sont assez jolies, elles le paraîtraient encore beaucoup plus, et les maris pousseraient au bord du lac comme les raisins à Fontainebleau, si les demoiselles en question portaient la petite chemisette ouverte, le pantalon de gaze et le caleçon révélateur.

Quelques Siciliennes et Calabraises de la colonie italienne flirtent volontiers avec l'ennemi, je veux dire avec le guerrier venu de France.

Elles sont, assurent ces messieurs, assez aimables; et quelques-unes sont jolies. Mais la coquetterie de ces personnes gâte ce qu'elles ont de mieux. Affublées de je ne sais quels oripeaux cocasses, elles ont l'air, dans la rue, de marionnettes de Guignolet. Messieurs les officiers disent qu'elles sont très tendres. Je crois que grâce à l'entremise de certaines personnes, dont le type le mieux réussi est celui de la vieille matrone des opéras italiens, les bons rapports qui unissaient autrefois les deux nations latines ont été plus d'une fois renoués.

CHAPITRE XIII

Suite du précédent. — Toujours les dames. — L'empereur des Français. — Le capitaine et l'anneau mystérieux. — Mariée pour toujours! — Les mères juives. — Forme orientale de l'amour maternel. — La vente des fillettes. — Histoire fantastique d'un dîner. — Rebecca sur le plateau.

L'un des exemples les plus curieux de la crédulité enfantine des Juives me revient à l'esprit chaque fois que je parle de ces dames.

C'était il y a huit jours. Un de mes amis, habitant de Tunis, avait imaginé de piloter un parent à lui, capitaine d'artillerie, dans les dédales du quartier juif.

Cette promenade est curieuse. Qu'on l'exécute en plein jour ou la nuit, elle est toujours surprenante pour l'Européen. Aux fenêtres grillées de chaque maisonnette apparaît, en effet, une myriade de têtes au nez busqué. Hommes, femmes et enfants se pressent pour regarder le Français qui passe.

Dans ces petites ruelles tortueuses des villes orientales, on ne marche pas facilement à trois. Lorsque deux hommes s'avancent de front, ils ont déjà l'air de former un cortège.

Mon ami et son capitaine s'avançaient ainsi dans les ruelles du quartier juif. Aussitôt, des ribambelles de garçons et de filles, de vieux à barbe blanche et de grosses dames à peignoirs de soie et d'or se précipitent dans la rue, baisent les mains et la tunique de l'artilleur. Il est d'abord surpris, puis charmé, car dans le tas qui grouille autour de lui et qui lui barre la route par enthousiasme, il y a deux ou trois jolies femmes qui le regardent avec une tendresse inexprimable. On le tire par le pantalon et par la tunique pour le faire entrer dans les maisons. C'est à qui l'aura chez soi, à son foyer.

Il résiste· d'abord. Puis son obligeant cicérone ayant dit en arabe que l'officier était l'Empereur des Français en personne, l'enthousiasme devient du délire. Il y a trois cents juives autour du capitaine. Les maris poussent leurs femmes vers lui pour qu'il les embrasse, et finalement un Juif important, parlant plus haut que les autres, et évidemment plus riche, prend le capitaine par la main, écarte la foule, et le fait entrer dans son logis, qui se trouve en face.

Là, nos deux Français s'asseoient. La famille, composée du père, de la mère, de deux jeunes filles et d'un petit moutard, les entoure complaisamment et se met à genoux pour mieux voir les yeux, le nez, la bouche, les moustaches du faux empereur.

Le père fait un discours en arabe au jeune officier, qui répond très sérieusement, par le canal de son cicérone, lequel riait comme un fou. Mais cette gaîté n'intimidait point les malheureux Juifs. Fiers de posséder l'empereur des Français, ils l'accablent de caresses. La mère lui baise les mains sans s'arrêter.

L'une des jeunes filles le regarde avec amour et le capitaine daigne l'embrasser, ce qui fait plaisir à tout le monde, au capitaine et surtout à la jeune fille.

Tout à coup l'officier sourit diaboliquement.

Il vient d'avoir une idée farce. Se rappelant que les uifs sont Jfiancés quand ils ont prononcé entre eux un mot sacramentel et qu'ils se sont embrassés en disant ce mot, le capitaine embrasse de nouveau, et fort tendrement la jeune juive, en lui murmurant à l'oreille le mot en question.

Tableau.

La jeune fille pâlit, tombe évanouie dans les bras de sa mère. Le père presse le soldat sur son cœur ; l'autre fillette se jette à son cou ; le mioche lui grimpe sur le dos ; la mère pleure en jetant de l'eau sur le visage de sa fille qui, revenue à elle, pleure toutes ses larmes de bonheur. L'officier voit qu'il a été trop loin, mais il est trop tard. Les fiançailles sont formelles.

Il prend congé, avec son ami, de son futur beau-père et de sa future épouse... Et voilà comment la jeune Fatma, fille d'Isaac, fils de Jacob, fils de Nathan, fils d'Ezéchiel, est encore aujourd'hui la fiancée courageuse, résignée, et patiente, surtout, de l'empereur des Français.

La pauvre fille attendra longtemps le jour de

ses noces, mais mon ami m'affirme qu'elle ne bronchera pas, et que sa religion comme son obéissance au serment de fiançailles la feront plutôt mourir vieille fille que de trahir la promesse faite au bel artilleur.

Les familles juives, dont on parle beaucoup dans la colonie volante de Tunis, ne sont pas toutes adonnées au commerce des enfants, comme plusieurs Français nouvellement débarqués paraissent le croire. Il y a dans ce quartier de Tunis, si bizarre et si ténébreux, des familles honnêtes en quantité, capables de rendre des points à celle qui accueillit ces jours-ci notre jeune officier. Mais il est certain qu'une portion aussi notable de la population juive de Tunis fait un commerce d'amour (puisque tel est le mot usité pour dépeindre la chose) extraordinairement développé.

Je demande pardon au lecteur de l'entraîner dans ces bas fonds de la vie tunisienne, mais mon excuse est toute trouvée. Ledit commerce est pratiqué avec une telle insouciance, une telle naïveté, une telle conviction, il occupe une telle place dans la vie étrange de cette ville inconnue de ses protecteurs eux-mêmes, que le passer sous silence serait omettre une des couleurs les plus vibrantes du tableau oriental que nous offre chaque jour la Perle de l'Occident.

Le mot prostitution est certainement beaucoup trop fort pour caractériser cet état particulier des mœurs adoptées par beaucoup de familles juives. Il est vilain, ce mot, aussi je ne l'écrirai plus une seule fois pour désigner la chose. Au surplus, les mères juives l'éludent aussi ingénûment que M. Jourdain éludait le mot drapier. Elles laissent les étrangers visiter leurs filles pour de l'argent, voilà tout.

De règle, il n'en est point. De réglementation il n'en est point davantage. On peut déjà entrevoir quels inconvénients résultent de cette liberté absolue des transactions, de cette indifférence pour la théorie protectionniste.

Les mères juives qui trafiquent de leurs enfants estiment sans doute que c'est là bon jeu, bon argent. Elles ne vont pas chercher elles-mêmes l'Européen dans la rue, mais elles le saluent avec respect quand il daigne entrer chez leurs filles, conduit par les jeunes messieurs porteurs de lanternes qui stationnent autour du café Maure.

Elles savent ce que l'Européen vient faire, après le dîner, entre neuf et dix heures, ou l'après-midi, à l'heure ou la sieste va finir. Elles lui présentent leurs fillettes et l'invitent à choisir. Du geste et de la voix, elles l'encouragent à cueillir la fleur la plus tendre de leur parterre, car ces jardinières de l'amour ont quelquefois cinq ou six jeunes rejetons à livrer au chrétien, pour quelques francs.

Les filles sont aises, d'ailleurs, de voir que la vie sur cette terre est ainsi comprise par mesdames leurs mères.

Au demeurant, les mères du ballet de l'Opéra ne font pas mieux que les mères juives de Tunis. Elles ont en moins la parfaite absence de moralité de ces dernières. Elles ont, en plus, l'hypocrisie de leur trafic. Sous des airs de prudes effarouchées, que les romanciers parisiens ont maintes fois dépeints, elles font ce que font les mères juives de Tunis avec leur ineptie béate, leur cupidité niaise, leur ignorance parfaite de ce qui est bien et de ce qui est mal.

Il se trouve que depuis des années, ce qu'elles font passe pour être très naturel. Elles persévèrent. Allez donc leur faire de la morale! Elles n'y comprendront rien.

D'ailleurs, personne ne se mettra en tête de leur en faire, car cette colonie de matrones procure aux Européens des distractions variées. N'exagérons rien, la soirée chez les Juives n'est pas l'éblouissante fête aux mille et un plaisirs que nos troupiers ne manqueront pas de raconter à leurs payses. Cependant, la chose est curieuse. Il ne faut pas la renouveler trop souvent, car elle tombe bien vite dans la monotonie, mais enfin la première impression qu'on ressent est saisissante.

On entre dans l'appartement où repose la Juive. C'est toujours le même cérémonial. Sur le palier, la mère et une sœur, ou un petit frère, sourient en apercevant le ruffian suivi de l'Européen. Le ruffian baragouine quelques mots; on le chasse en lui donnant une piastre pour ses bons offices, s'il fait jour; on le met de planton devant la porte avec sa lanterne, s'il fait nuit, afin de retrouver sûrement, dans le dédale des ruelles sombres, la route qui mène à la Marine, à la lumière, à l'air.

La mère sourit toujours et conduit l'Européen dans la chambre de sa fille. Comme elle ne sait que l'arabe et que son visiteur temporaire l'ignore généralement, elle se contente de contempler, de faire des signes de tête encourageants, puis elle disparaît derrière un rideau. Elle va manger du riz ou des figues de barbarie. On ne la revoit plus.

Parfois, elle est malade, couchée sur un grabat. Le petit commerce lucratif continue nonobstant. Il est arrivé que le touriste, poussant jusque-là ses études de mœurs, était obligé de s'arrêter devant un vieux corps étendu tout de son long dans la chambre d'entrée. La tête du vieux corps branlait et indiquait qu'il fallait passer tout de même. Le touriste enjambait alors, après un moment d'hésitation bien explicable, et la vieille mère faisait comprendre par un sourire qu'elle était satisfaite.

Les chambres des Juives sont décorées sans goût. Les pièces, hautes et larges, comme toutes celles des habitations orientales, ne contiennent guère que deux ou trois sièges, un sofa, un lit, et quelques-unes de ces fleurs artificielles, surmontées d'un globe long et rond, comme on en voit dans les villages de nos provinces, chez les paysans aisés. La courtisane est accoudée sur le sofa, vêtue de gazes légères, d'une veste de soie bleue ou rouge, et d'un pantalon semblable à ceux de ses coreligionnaires qui ne trafiquent point de leurs charmes. Comme elle ne sait pas plus le français que madame sa mère, la conversation s'entame par signes. Je crois inutile de pousser plus loin la description. Le reste ne nous regarde point. Ces Juives ont de quatorze à quinze ans en moyenne.

Parfois, la mère n'a que des fillettes de douze ans à vendre aux étrangers. Elle les amène elle-même au sommet de l'escalier. Elle les pousse dans les bras de l'Européen étonné, qui plus d'une fois, je dois le dire, repousse avec dégoût l'offre cynique et s'asseoit à distance, pour regarder et étudier quelques instants l'intérieur inattendu où le ruffian l'a conduit.

L'histoire la plus incroyable du monde, est arrivée à Tunis, quelque temps après la signature du traité. Un personnage tunisien, Européen d'origine et non Musulman bien entendu, avait convié à sa table dix Parisiens de bonne humeur, à qui les mystères de Tunis étaient à peine dévoilés. Au moment de se mettre à table, les invités remarquèrent que sous chaque serviette se trouvait un ticket portant un numéro d'ordre. Les dix numéros faisaient penser à une tombola. On interrogea l'amphitryon, mais il eut un rire énigmatique qui encouragea les invités à garder le silence jusqu'au dessert.

On servait le café, lorsque le personnage en question pria ces messieurs de tirer au sort la surprise qu'il se proposait de leur offrir. Etonnement des invités. Le sort désigna l'un ou l'autre d'entre eux, peu importe lequel.

Aussitôt on vit entrer quatre femmes, à moitié dévêtues, qui portaient un plateau d'argent. Sur ce plateau, au milieu d'un buisson de verdure et de fleurs, reposait une fillette juive, qui atteignait à peine l'âge de la puberté. Elle était vierge, sa mère l'avait garantie telle au personnage tunisien, et elle arrivait ainsi, portée par les quatre femmes, toute émue, toute peureuse, n'osant remuer au milieu des fleurs, qui cachaient tout juste son excessive nudité.

Le convive favorisé par le sort était le destinataire de ce présent, et au milieu d'une musique arabe qui arrivait tout exprès, le plateau, la fille, et le gagnant de ce gros lot passèrent dans la chambre voisine, où nous ne les suivrons pas.

J'ai su que la petite fille s'appelait Rebecca, et que sa mère n'avait pas voulu recevoir d'argent, trop heureuse qu'elle était de faire plaisir au grand personnage et à ses invités.

On avouera que ce sont là des mœurs singulières.

CHAPITRE XIV

Toujours les Juives. — Promenades au clair de lune. — La danse. — La fameuse danse. — Musique et chorégraphie. — Un mort. — *Tutte à la Goletta.*

Le clair de lune est essentiellement propice à la promenade nocturne dans le quartier des Juives. Aucun détail pittoresque n'est perdu, grâce à la douce clarté. Telle ribambelle de Juives, accoudée derrière ses jalousies, qui échappe au voyageur quand il fait noir et que la lanterne éclaire à peine sa route, ressortira sur le blanc cru des maisons arabes avec une débauche de paillon, de dentelles, de dorures qui ont l'éclat précis du fer-blanc, si la lune est au plein ciel.

Tout le monde est aux fenêtres pendant que l'Européen marche, regardant ces faces curieuses qui le regardent.

J'y allai un soir entre autres, par le plus beau clair de lune que j'aie vu à Tunis.

La ville resplendissait comme en plein jour. On passait sans transition de la ruelle éclatante, qui recevait les rayons de lune dans le sens de son axe, à la ruelle noire, infernale, dont les maisons obstruaient la lumière nocturne. Il s'ensuivait dans le quartier juif, fait de voûtes et de pignons à angle droit des voûtes, une série de découpures lumineuses, de profondeurs obscures, de petites places toutes brillantes et de tunnels sombres qui conduisaient à d'autres prises d'air et de lumière tout à fait pittoresques. Les jalousies vertes des Juives, et les Juives prenant l'air derrière les jalousies, les Juifs causant accroupis sur le pas des portes complétaient le tableau, régulièrement le même tous les soirs, du quartier soumis au protectorat de Ben-Cupidon.

Nous étions trois Français, allant au hasard des souvenirs du plus tunisien des trois. Celui-ci, — le scélérat — avait préparé une petite fête sans nous en parler.

En effet, nous arrivons à la porte de la belle Fatma, — s'appelle-t-elle Fatma ou Misa, ou

Rachel ou Amanda, je ne l'ai jamais su au juste. — Ce qu'il y a de certain, c'est qu'elle passe pour la plus mondaine des courtisanes tunisiennes. On voit cela d'ici. C'est elle qui donne le plus aisément et le plus largement à danser.

On lui fait demander dans la journée d'avoir les danseuses pour le soir, avec la musique : et le soir elle a la musique et les danseuses. Cela coûte une soixantaine de francs, et notre pilote fit appel à notre contribution, du reste, quand la surprise du spectacle fut passée. C'était bien justice.

Nous frappons à la porte de Fatma. (J'appelle toutes les femmes tunisiennes Fatma, je le confesse, parce que ce nom est beaucoup plus simple et plus court que leurs prénoms arabes ou turcs, souvent impossibles à prononcer.)

Fatma fait ouvrir par son frère, un beau gaillard au nez busqué, qui nous indique le premier étage, resplendissant de lumières. Quatre lampions, en effet, éclairent la pièce principale où se tient Fatma, assise sur un coussin, assez belle, ma foi, mais grosse comme la feue maman Thierret, ce qui enlève toutes les illusions du plus jeune d'entre nous, adolescent nourri à la lecture des ouvrages spéciaux et antiques sur l'Orient.

Ce jeune homme proclame tout haut ses impressions et les répète, en criant comme un sourd, à Fatma, qui sourit avec grâce et remercie du geste, croyant recevoir un compliment.

Cette plaisanterie, jadis neuve (il y a longtemps) qui consiste à dire aux gens des injures dans une langue qu'ils ne comprennent pas, nous fait beaucoup rire. On perd si bien l'habitude du rire à Tunis, que la moindre occasion suffit pour entrer en gaîté.

Nous sommes interrompus par l'arrivée des danseuses qui s'apprêtaient dans la pièce à côté, et des trois musiciens qui composent l'orchestre, deux tambours en forme de poire et un rebab comme au café Maure.

Dans cette chambre décorée sans goût, avec ses fausses fleurs sur une fausse cheminée, ses trois divans et ses étoffes voyantes accrochées sans art aux fenêtres, à la clarté de ces quatre lampes à essence, fumeuses et légèrement puantes, cette entrée de ballet est véritablement originale.

Les danseuses sont au nombre de quatre. Elles sont nues jusqu'à la ceinture, et sur leurs bras, sur leur cou, sont enroulés des bracelets et des colliers de sequins et de bibelots argentés. Il y a du corail dans leurs cheveux, et de gros pendants d'oreilles en or rouge leur tombent sur les épaules, qui sont assez mal faites et d'une couleur désagréable.

Les quatre personnes commencent immédiatement le pas lascif que l'on connaît, sur un rhythme à trois temps monotone et anti-mélodique au possible. Leurs physionomies sont assez régulières. L'une d'elles, la plus jeune, est assez jolie ; mais elle paraît avoir une opthalmie chronique, elle baisse les yeux et les ferme avec une sorte de souffrance. La plus vieille n'a pas trente ans et cependant elle est déjà flétrie. C'est la mère de la précédente.

Les deux autres ont un visage régulièrement ovale, de grands yeux noirs en amande très-expressifs. Ce sont de réelles beautés plastiques. Les jupes de soie rouge et bleue qui habillent ces ballerines jusqu'à la ceinture, sont de simples pièces d'étoffe nouées par derrière. Les pieds sont nus et effleurent à peine de jolies babouches chargées d'or et d'argent.

Les trois musiciens sont d'horribles vieux à la barbe orageuse, aux yeux gris, aux vêtements en loques, au turban fané : ce sont des Juifs, bien entendu; et tout en jetant un regard distrait sur l'assistance, ils commencent par s'asseoir sur l'un des divans et se mettent à gratter leurs instruments. Les cordes et les peaux répondent à ces grattements en *six-huit;* et les sons qu'ils produisent constituent la musique de danse sur laquelle se balancent les quatre personnes déhanchées.

Je ne sais si ce sont là ce que les voyageurs en Orient appellent les almées; je le croirais assez, car il me souvient d'avoir vu aux Folies-Bergères, il y a cinq ou six ans des almées qui ressemblaient tout à fait à nos danseuses de Tunis. Etrange divergence des goûts ! Ces malheureuses almées qui avaient bien l'indolence pour laquelle se passionnent les Musulmans de leur pays, n'avaient aucun succès auprès des Parisiens qui fréquentent les Folies-Bergères; elle disparurent bientôt sous la risée, et c'était grand dommage, car elle reproduisaient la danse orientale tant de fois célébrée par les grands voyageurs avec des métaphores et des épithètes à n'en plus finir. On dut les remplacer, pour plaire au peuple des rives de la Seine, par de *fausses almées* que M. Olivier Métra fit danser sur une série de motifs ingénieux et boulevardiers. Aux yeux des fanatiques de l'Orient qui battent l'asphalte en rêvant de Tunis, de Damas et du Bosphore, ce fut un sacrilège.

Sur les premiers grincements de nos trois ménétriers à figure chafouine, les quatre personnes à demi dévêtues se mettent en danse. Elles vont et viennent l'une en face de l'autre, *traversent*, reviennent, et *balancent* avec ces mouvements lascifs des hanches et de l'abdomen qui enivrent de joie les Maures, et qu'on retrouve identiquement dans toutes les jotas, boleros, habaneras et cachuchas qu'on danse sur le sol de la brune Espagne, ancien camp retranché des Maures.

Les danseuses font de petits yeux mourants, puis de grandes figures attristées, puis elles sourient, toujours en dansant. Enfin elles accélèrent le mouvement et se trémoussent dans une sorte de folie chorégraphique que suivent les instrumentistes.

Tout à coup la musique et les danseuses s'arrêtent ; c'est fini.

Les danseuses sont ici, comme les tziganes en Hongrie, le plaisir des riches, plus ou moins coûteux. Comme le Magyare qui jette l'or à poignée aux râcleurs sublimes, le grand seigneur tunisien paie très cher la troupe des danseuses qui vient lui donner le ballet après son dîner. Tous les goûts sont dans la nature.

Après dix minutes de cette danse du ventre, j'en ai, pour ma part, tout-à-fait plus qu'il n'en faut pour être édifié. Il est neuf heures ; nous quittons la maison de Fatma, qui a promis les danseuses pour neuf heures et demie à d'autres Européens, désireux aussi de ramasser les miettes de la couleur locale. Elle va disparaître avec l'occupation française, très probablement, ou s'atténuer très fort : aussi nous hâtons-nous d'en profiter.

Comme les trois anabaptistes, nous traversons les ruelles en fredonnant des chants mortuaires sur des airs de psaumes. D'où nous vient cette réminiscence liturgique et lugubre? Nul de nous ne saurait le dire. Le silence s'est fait tout à coup, nous venons de passer dans une série de rues tout à fait noires malgré la lune, et des hommes sinistres marchent à côté de nous comme à un enterrement.

Nous sommes sur nos gardes; on parle chaque jour de descente des Arabes et de massacre des Européens. Aussi, instinctivement, nous serrons-nous l'un contre l'autre, et réglons-nous notre pas de façon à laisser défiler les moricauds attardés, silencieux, et inquiétants dans ce quartier à pareille heure, tandis que nous sommes toujours à deux de front.

L'insouciance française à laquelle on s'habituerait encore plus à Tunis que partout ailleurs, je crois, se trahit aussitôt par le colloque suivant :

PREMIER COMPAGNON. Etes-vous armés, vous autres ?

DEUXIÈME COMPAGNON. Ma foi, non!

TROISIÈME COMPAGNON. Ma foi, non!

PREMIER COMPAGNON. Tiens! moi non plus.

A nous trois, nous n'avions pas un canif. A

peine si nous possédions tout juste une petite canne.

Les hommes mystérieux continuaient à passer devant nous. L'ignorance où nous étions des ruelles et de leur direction tortueuse, à l'endroit où nous arrivions, nous fit retourner insensiblement sur nos pas. Nous vîmes alors une porte s'ouvrir au fond d'une voûte, les Arabes pousser la porte, et s'enfermer dans la maison d'où quelques filets de lumière blafarde s'échappaient par les jalousies soigneusement closes.

Nous étions à vingt mètres de cette porte. Nous avançâmes, et l'un de nous frappa à la porte.

Il nous semblait qu'un grand nombre de personnes marmottaient à l'intérieur. Tout à coup un bruit de tambours de basque, de grelots et de cymbales accompagnant un chant assez rhythmé nous arrêta, étonnés, attentifs, au seuil de la porte qui restait fermée d'ailleurs.

Ce fut comme un sabbat de féerie. Il y avait des cris que nous entendions aussi distinctement que si nous avions été dans la pièce ; il y avait des chants, des danses, des accompagnements de tambourins, des petits aboiements de femme arabe. Sur l'ensemble de tout ce vacarme, nous ne savions trop que penser.

L'un de nous disait que c'était une noce; l'autre pensait que c'était une fête religieuse. Le troisième inclinait pour une réunion publique électorale, chose absolument inconnue des Tunisiens, juifs ou autres.

On frappa à la porte une seconde fois, très fort, puis une troisième fois encore plus fort. Aucune réponse.

Enfin, un Maltais qui passait, nous vit, et nous dissuada de continuer, en nous disant que c'était un mort. Il ne savait que ce mot, et le répétait avec une sorte d'effroi, en nous engageant toujours à ne pas insister pour nous faire ouvrir la porte.

Etait-ce un mort, *m, o, r, t,* ou bien un Maure, *M, a, u, r, e,* qui provoquait ce dévergondage de danse, et de chants, et de musique infernale ?

Etait-ce un juif mort, qu'on pleurait ainsi à la façon des peuplades océaniennes, qui témoignent leur douleur en dansant ?

Etait-ce au contraire un Maure bien vivant, qui demeurait là sur la lisière du quartier juif et dont on fêtait l'anniversaire ou les épousailles? Je ne le saurai probablement jamais. En tous cas, les pleureurs ou les danseurs, les festoyeurs ou les larmoyeurs n'ont jamais voulu ouvrir la porte et nous avons pris le parti de nous en retourner. Il se faisait tard, nous avons repris le chemin de la Marine sans avoir percé ce bruyant mystère.

En passant sous les fenêtres de plusieurs maisons élégantes de la ville arabe, nous rencontrons quelques soubrettes italiennes qui causent — il est si tard ! — avec leurs galants. L'un de nous, le plus tunisien (toujours), interpelle ces Dorines de l'Afrique septentrionale, ces Justines, ces Zerbinettes, et leur demande où reposent à cette heure leurs élégantes maîtresses qui sont, paraît-il, les lionnes de la fashion italienne et du demi-monde européen.

— Tutte à la Goletta !

— Tutte à la Goletta !

Telle est la réponse que font en chœur les jeunes caméristes. Toutes à la Goulette. Un rire sonore part d'une terrasse placée au-dessus de nous ; une tête de joyeuse brunette, qui contemple la lune avec son préféré, s'avance au bord de la terrasse. Et au milieu du rire nous entendions encore :

— Tutte à la Goletta, signor !

Nous voilà renseignés. *Tutte à la Goletta*, toutes les élégantes et tous les élégants de Tunis sont à la Goulette. C'est la canicule, en effet. L'air est à peine frais deux heures par nuit.

Le jour, on étouffe dans Tunis, poussiéreux et rôti par un soleil implacable.

Tout le monde est à la Goulette, en villégiature, au bord de la mer, respirant la brise qui vient du large et se baignant dans l'onde amère.

J'irai demain goûter quelques heures de cette villégiature à la Goulette, pour voir.

CHAPITRE XV

Il fait de plus en plus chaud. — *Sommeil général.* — *Siestes.* — Chaleur insoutenable. — Villégiature à la Goulette. — Projets superbes. — Les plats du Bey. — Les lionnes.— Arrivée d'Anna. — Tableau d'intérieur. — La belle-mère d'Anna.

J'y suis allé, à la Goulette, en villégiature, pour voir, et j'en suis revenu.

Il n'y fait pas beaucoup plus frais qu'à Tunis. Je maintiens que l'air qui vous arrive de la mer est déjà devenu tiède, rien qu'en effleurant la côte rôtie de la Régence. La chaleur est décidément insoutenable dans ce pays. Malgré les accoutrements de flanelle et les chapeaux dits Stanley, dits Prince de Galles dans l'Inde, l'Européen étouffe, il transpire, il se noie dans sa propre sueur.

C'est une fournaise que Tunis, depuis le mois

de mai jusqu'au mois d'octobre, c'est-à-dire pendant six mois de l'année, en chiffres ronds.

On ne voit dans les rues de Tunis, de midi à cinq heures, et déjà depuis deux mois, que les rares Français qui ne peuvent se faire à l'idée de la sieste orientale.

Assoiffés et pensifs, ces malheureux s'asseoient devant une table de café (un meuble qui, depuis l'expédition française, a vu sa valeur décupler à Tunis.) Ils boivent de la limonade sans discontinuer.

Quant à la majorité des Européens, se conformant avec résignation aux habitudes locales, qui sont, après tout, les plus hygiéniques du monde, elle dort pendant les trois heures, les persiennes closes et les poings fermés, moitié à la Goulette, moitié à Tunis.

Pour moi, qui ressens en véritable fils du Nord, grand mangeur, grand buveur, grand dormeur, les effets terrassants de cette canicule épouvantable, je donne volontiers à la sieste une prolongation d'une ou deux heures. Il m'arrive assez fréquemment de me réveiller à quatre heures du soir, j'oserai dire à cinq. Le sommeil — un sommeil calme, je dois le reconnaître, autant que profond — s'empare de moi avec un sans-gêne qui m'a inquiété tout d'abord. Mais les effets salutaires de cette somnolence opiniâtre n'ont pas tardé à se faire sentir. Le soir venu, j'étais presque « frais et dispos ». Inutile de dire que cette locution classique n'a pas son emploi en Tuuisie, l'été, voire l'automne. — On n'y est jamais ni dispos ni frais.

L'Européen le mieux reposé, le mieux baigné, le mieux dévêtu, souffre toujours d'une oppression vague. C'est la combinaison infernale des rayons solaires déchargés sans interruption sur un sol sablonneux, qui étouffe ainsi l'homme venu de France.

Je suis donc allé à la Goulette, comme tout le monde, en vertu de l'axiome précité : *Tutti a la Goletta*. Cet axiome pourrait servir de titre à un joyeux vaudeville qu'on jouerait sur le théâtre en expectative de la Marine. Je le signale aux directeurs.

La Goulette est le port de mer et la station balnéaire de Tunis, entre juin et octobre.

Athènes a son Phalère, Londres son île de

Wight, Paris ses quatre-vingts plages normandes et bretonnes, Tunis a sa Goulette pour prendre le bain à la lame et soupirer en face de l'immense mer. J'avoue qu'entre Phalère, l'île de Wight, les plages normandes ou bretonnes et la Goulette, je choisirais tout, excepté la *watering-place* tunisienne.

C'est une *watering-place* pour rire, avec des baraques en torchis, enfoncées dans le sable. Çà et là, des groupes de chameaux, des sentiers informes entre les quarante ou cinquante bâtisses qu'on décore du nom pompeux de villas d'été, voilà la plage de la Goulette, considérée de la mer, et au point de vue exclusivement « balnéaire ».

C'est un petit Sahara au bord de l'eau.

Douze fois plus de sable qu'à Trouville, ce qui n'est pas peu dire, une absence totale d'auberges, de masures restaurantes, voire de *bouchons* abordables pour la population simplement propre, voilà la plage. Une baraque assez vaste, bâtie sur pilotis, et dans laquelle se trouvent aménagées une cinquantaine de cabines, voilà l'établissement des bains.

La plage et l'établissement des bains ont passé,

paraît-il, à côté du bonheur, il y a comme qui dirait dix ans. Un jeune Français, plein d'idées nouvelles, avait songé à créer sur le bord de la Méditerranée, une station d'hiver, sanitaire et hospitalière aux joueurs de trente et quarante, de roulette et de baccara, pour faire concurrence à Bade et à Hombourg. Cela se passait en 1869. Ce jeune homme avait une idée presque réalisable, puisque depuis 1869, les directeurs du Casino de Monte-Carlo ont créé sur le bord de la Méditerranée, sous un climat enchanteur, le plus délicieux palais des joueurs qu'on puisse imaginer, en même temps qu'ils ont ouvert aux malades un véritable pays inconnu, tout en soleil, en eaux bleues et en orangers verdoyants.

Ce qu'on a fait à Monaco, le jeune homme voulait le faire à la Goulette.

Il s'y prit assez bien, m'a-t-on dit, puisque le bey lui avait promis un terrain énorme, des privilèges de toute sorte, et le concours dévoué de tous ses ministres à l'édification de la bienheureuse roulette, qui devait faire la fortune de tout le pays.

La guerre de 1870 démolit tous ces beaux projets, et voilà pourquoi nous n'avons aujourd'hui à la Goulette qu'un site désolé, qu'une lande sablonneuse, au lieu d'une ville entière avec une Conversation, des hôtels superbes, des garçons allemands en habit noir, des concerts quotidiens sur la plage et des bals d'enfants tous les jeudis.

Aujourd'hui, nous ne voyons passer sur la plage de la Goulette, et encore sur un coin de la plage, que les cuisiniers et valets de bouche du Bey, qui portent vers le soir le dîner de leur maître, en trente ou quarante plats différents. Le Bey les dédaigne tous (il a mal à l'estomac) et tous les colonels de sa maison se jettent sur lesdits plats avec appétit, lorsqu'il les a renvoyés.

Il y a la plage, et il y a la ville de la Goulette.

La ville, c'est le village dont j'ai parlé au commencement de ce livre. On y compte quelques cinq ou six mille habitants. On loue des chambres et des appartements meublés pour la saison, comme en Europe, et les lionnes de la colonie italienne aussi bien que les juives distinguées ou folâtres, se disputent ces coins où l'on est censé étouffer moins qu'à Tunis.

Ces dames font tous les jours une promenade, saluent leurs soupirants de leurs fenêtres, reçoivent et donnent à dîner. Le Bey et son ministre principal, qui tous les ans habitent la Goulette, donnent l'exemple du bon ton.

Ce qui ne m'a point paru être ces jours-ci, par exemple, du dernier bon ton, ça été l'arrivée de la belle Anna dans la bonne ville de la Goulette. La belle Anna a révolutionné la colonie française, je parle de celle qui est toute neuve, qui passe, et qui ne demande qu'à s'en aller. Pour les acclimatés, l'arrivée de la belle Anna n'a pas été autre chose qu'un des mille incidents que fait naître chaque jour le caprice des grands seigneurs grotesques, qui servent de gouvernants à ce singulier pays.

Mustapha-ben-Ismaïl, aujourd'hui premier ministre (qui sait ce qu'on en fera demain ?) arrivait ces jours-ci de son premier voyage en France, où on l'a reçu de la façon la plus ridicule du monde, en lui passant au cou les plus grands cordons de la Légion d'honneur.

Mustapha était sur le petit bâtiment de guerre l'*Hirondelle*. Il descend à terre et il est salué de vingt et un coups de canon par les navires de guerre en rade, et par les forts de la Goulette. Il arrive dans son palais, il embrasse le Bey, on croit que c'est fini, pas du tout. Mustapha prend un télescope et regarde la mer avec anxiété. Au bout de quelques minutes son visage s'épanouit. Il aperçoit la fumée d'un bateau à vapeur. Ce bateau porte la belle Anna.

Anna, la belle Anna, une personne des plus remarquées chez Peter's, au Helder, et au Skating-Rink de la rue Blanche, où les rosières ne se donnent pas précisément rendez-vous. Anna, une simple et bonne fille du boulevard, soupeuse à ses moments perdus, et présentement la dulcinée de Mustapha, telle est l'Anna que Mustapha devine sous le panache de fumée du bateau à vapeur; car ce bateau à vapeur n'est autre que le transatlantique *Saint-Augustin* (précisons) qui est parti de Marseille après l'*Hirondelle*, avec son contingent hebdomadaire de passagers.

Il porte à son bord la belle demoiselle, que Mustapha n'eût pu décemment emmener à bord du vaisseau de la République sans être inquiété par le commandant. Il porte Anna; il stoppe, il mouille en rade de la Goulette; les balancelles vont chercher les voyageurs. Anna descend dans la nauf ministérielle de Mustapha, ornée de quelques tapis pour la circonstance, et elle aborde comme autrefois Didon sur le sol punique. Aussitôt, les fortins de la Goulette recommencent à tirer le canon. Emoi général. On apprend que c'est pour Anna.

Conduite au palais de Mustapha, entre deux haies de soldats du Bey, Anna toute à la joie, tombe dans les bras de son ministériel protecteur. Le bey demande à la voir. Il la voit; il l'embrasse. La vieille mère de Mustapha l'entoure de ses bras amaigris et lui dit : « Tu seras ma fille. »

Anna « la trouve mauvaise », sans doute, mais elle songe sans doute aussi aux jours dorés qu'elle va couler sur ce rivage. La voilà ministresse sans qu'elle eût jamais rêvé à cette situation fameuse.

Le soir, on illumine tous les édifices publics de la Goulette. On joue de la musique et on danse en l'honneur d'Anna et de son bien-aimé.

Voilà ce que j'ai vu le premier soir de ma villégiature à la Goulette, qui a duré deux grands jours et une toute petite nuit.

Il m'a semblé, en voyant la belle Anna toucher de son pied bien chaussé le sol qui recouvre les cendres d'Hamilcar et de ses Carthaginois, entendre un immense éclat de rire qui arrivait du boulevard, large et sonore, par dessus la mer.

CHAPITRE XVI

Suite du précédent. — Bains à la lame. — Sur la plage. — Le casino. — L'établissement des bains. — Oued Trouville; Oued-Dieppe; Oued-Paramé. — Rafraîchissements. — Coucher du soleil. — Un trait de génie. — Chambres à mer. — Indiscrétions. — Berceuse Tunisienne.

Le palais de Kéreddine, à la Goulette, est la seule habitation luxueuse qui orne la plage. Il est aujourd'hui transformé en ambulance française et c'est l'hopital le mieux disposé que nous ayons dans toute la Tunisie, cela va de soi. Nos soldats y sont couchés au bord de la mer, dans de vastes salles bien aérées, bien fraîches. Les malades y guérissent presque tous, comme par enchantement.

Malheureusement il n'en est pas de même ailleurs.

La promenade des flâneurs va de la place publique de la Goulette au palais de Kéreddine.

Il y a 300 mètres environ. On se promène là en regardant la mer et les cuirassés européens qui sont à l'ancre sur la rade.

Les bains à la lame se prennent en costume, comme à Saint-Valery-en-Caux ou à Veulettes. Quelques Arabes ou Tunisiens de la ville, qui daignent se plonger dans l'onde amère, revêtus de ce costume, sont beaucoup plus ridicules encore que nous-mêmes.

Le casino, établissement des bains que j'ai désigné dans le précédent chapitre, n'offre absolument rien d'intéressant. C'est une baraque dans le genre de celles des bains pour dames à quatre sous, qui ornent l'été les quais de Paris, avec cette différence que la baraque de la Goulette est soutenue par une multitude de pieux, entre lesquels on peut nager.

Les lames ne sont jamais très fortes à cet endroit, qu'abrite la jetée en rochers de la Goulette. Il y a en outre si peu de profondeur, qu'on peut aller loin sans perdre pied.

Cependant une méfiance des requins arrête plus d'un baigneur au rivage. Il y a, paraît-il, de nombreux requins sur la côte de Tunisie. Je l'ai entendu dire à bord de tous les paquebots sur lesquels j'ai navigué dans ce pays, et ce n'est jamais sans inquiétude qu'un nageur doit se confier à la Méditerranée.

Les uns rient de cette méfiance, les autres l'approuvent. Ce qu'il y a de certain, c'est que d'excellents nageurs ont été pincés dans ces parages.

En fumant l'éternelle cigarette, entre le quai d'accostage de la Goulette et la dernière bicoque de la *watering-place*, je me suis amusé avec un de mes amis à baptiser la côte tunisienne de noms français appropriés à l'usage que le jeune capitaliste dont j'ai parlé voulait en faire. Ainsi, Carthage, qu'on aperçoit à gauche sur la hauteur, est devenue l'Oued-Dieppe. La Marsa, qui est dans un trou, s'appelle l'Oued-Trouville. Et Sidi-bou-Saïd, qu'on distingue tout blanc, tout étincelant auprès de Carthage, s'appelle l'Oued-Paramé. Ces jeux sont inoffensifs, et ils nous font passer la journée interminable que nous consacrons à la Goulette.

Je me demande comment le highlife tunisien peut se distraire dans ce village maritime ! Les femmes et les hommes doivent y mourir d'ennui, entre la cohue des forçats qui balayent et le sirocco qui balaye aussi, l'un défaisant en une seconde ce que les autres ont mis toute la journée faire.

Les femmes sont en peignoir, et passent leur journée à se parfumer ou à écouter leurs visiteurs, soit. Ce sont encore là des occupations. Mais les hommes! Quand ils ont pris leur bain et qu'ils ont dormi quatre heures, ils errent, comme des âmes en peine, s'attachant au moindre incident du cloaque dénommé port, où accostent à chaque instant les baleinières, les canots-majors et les youyous des escadres.

Les cafés sont illusoires, je l'ai dit. Il y a bien sur le sable, au bord de la mer, d'horribles bicoques où l'on boit du sirop de limon et de la limonade. C'est tout.

Par exemple, au moment où le soleil empourpré se couche derrière les collines, fuyant la mer à laquelle il jette des gerbes étincelantes de feux rouges et dorés, l'Européen, qui a dîné tant bien que mal, comme il a pu et surtout où il a pu, bénit un homme dont il ne sait pas le nom, dont l'histoire ignorera toujours le nom, sans aucun doute, mais qui eut un trait de génie, un jour, ou plutôt un soir qu'il faisait chaud comme aujourd'hui.

Cet homme a eu l'idée de faire des chambres à coucher derrière la rangée des cabines, dans la baraque sur pilotis des bains à la lame. Il loue ces chambres, un bon prix du reste, aux Européens, hommes ou femmes qui en connaissent l'existence. On entre dans la chambre, par la chaleur épouvantable de 28 ou 30 degrés qui règne à la Goulette de huit à dix heures du soir. On se couche sur le lit, dans le déshabillé le plus frais possible, et on espère que sur ce pilotis on ressentira au moins la fraîcheur ambiante et l'odeur saline qui dégagera le cerveau.

A ce moment, un moricaud qui joue le rôle de domestique et d'ouvreur de trappes à la fois, ferme violemment votre porte. Par un coulisseau en bois, il fait glisser la trappe que vous n'avez pas remarquée et qui se trouve placée sous votre lit. Aussitôt, le bruit des vagues, clapotant sous le bâtiment, vous arrive net et clair. Vous êtes couché sur l'eau. Vous voyez l'eau en vous penchant. Vous pouvez pêcher en dormant ou dormir en pêchant, et même tomber dans l'eau. Il résulte de cette combinaison charmante que vous passez une nuit délicieuse, caressé par la brise de nuit et rafraîchi par le voisinage de l'eau. Si un gros coup de vent survient, vous recevez même quelques flocons d'écume dans votre lit. C'est tellement frais alors, que vous êtes obligé de vous revêtir et de supposer que vous êtes en pays tempéré pour quelques heures encore, jusqu'au lever du soleil.

Les chambres à mer sont quelquefois occupées par des dames, et il se trouve de petits jeunes gens qui vont nager tardivement sous les trappes ouvertes pour surprendre des secrets familiers, et commettre de coupables indiscrétions.

Il s'ensuit des petits cris d'effroi, des colloques assez vifs, des dialogues parfois forts longs et des essais d'escalades maritimes qui enfoncent la classique échelle de soie de Roméo.

C'est au bruit des reproches les plus amers adressés par une forte personne du sexe à un jeune audacieux qui voguait obstinément sous son lit de sangle que je me suis endormi la nuit dernière.

Les objurgations de la dame et le mugissement des flots formaient un mélange tout à fait harmonieux qui berçait ma pensée, à ce point que je me suis endormi, sans chercher à savoir comment finirait l'aventure de la voisine avec le ténébreux nageur.

CHAPITRE XVII

Un journal ! — Idée fixe de plusieurs compétiteurs. — Refus du Bey. — Refus du ministre de France. — *L'Avvenire di Tunisi.* — *Le petit Tunisien.* — *Tunis-Théâtre.* — Progression inévitable. — *Tunis-financier.* — *Tunis-pour-rire.* — *Tunis illustré.*

Il n'y a pas de journal à Tunis.

Je fais des vœux pour l'éclosion de toutes les feuilles tunisiennes et pour leur succès. Je ne désespère pas de voir pousser au printemps prochain le programme des spectacles du *Tunis-Théâtre*, le *Moniteur des tripotages tunisiens,* comme on dit en ce moment à Paris, ou *Tunis-financier*, le manuel des gens qui veulent s'amuser des ministres tunisiens — chose grave ! — ou *Tunis pour rire,* — et enfin, pour porter au loin les tableaux du pays et les costumes locaux, *Tunis illustré.*

C'est dans l'ordre régulier des choses.

C'est même l'un des traits saillants de la vie de cette population cosmopolite. Elle compte cent mille têtes et ne lit pas un journal, alors que Constantinople en a trente, Smyrne sept, Téhéran trois, Taïti et Honolulu au moins un.

Tous les quinze jours le Bey fait imprimer en arabe une sorte de placard qui contient les principaux décrets de sa haute justice, les arrêts rendus au Bardo ou à la Goulette, dans l'audience familière où chacun vient exposer ses griefs devant lui, et où Son Altesse distribue les lots de coups de bâton avec une somnolence qui n'exclut pas la partialité. Ce papier à chandelle couvert de caractères arabes ne peut s'appeler un journal.

Ce que les vingt mille Italiens, compliqués des vingt-cinq-mille Maltais, des douze cents Anglais, des trois cents Allemands et des cinquante mille Français demandent, c'est la création d'un journal européen, publiant sur place des nouvelles télégraphiques sur les affaires d'Europe, et il faut bien le dire, sur les événements de Tunisie.

Jusqu'à présent, de nombreux compétiteurs se sont présentés chez le ministre de France,

M. Roustan, ou chez leurs consuls respectifs pour obtenir du Bey l'autorisation de publier un journal, fût-il simplement hebdomadaire. Ils se sont toujours heurtés à un mauvais vouloir très obstiné du Bey, et à une fin de non recevoir de M. Roustan.

Le Bey, lui, déteste les journaux par dessus tout au monde. C'est le cauchemar de sa vie. Il ne les lit pas, car il ignore le français et ne connaît que l'arabe ; mais il a su que les journaux servaient à le ridiculiser, à mettre à mal l'Islam et le Prophète, à dire des horreurs sur Mustapha et sur certaines coutumes tunisiennes dont je rougirais d'entretenir mes lecteurs. Aussi a-t-il déclaré que lui régnant, Tunis ne verrait jamais éclore la plus humble feuille de chou.

M. Roustan base le refus qu'il a opposé aux compétiteurs sur des motifs évidemment sérieux, mais qui ne peuvent être que temporaires, il le reconnaît lui-même. En effet, ses raisons sont des raisons « d'ordre européen », et l'ordre européen à Tunis sera vite rétabli, plus vite que dans les rangs des indigènes.

Si l'on accorde, en effet, à un Français l'autorisation de fonder un journal en français qui s'appellera l'*Avenir de Tunis,* ou le *Journal de Tunis,* ou bien, comme l'insinuait hier devant moi un compétiteur enragé et trop pressé, le *Petit Tunisien,* il est incontestable que la colonie italienne, qui compte 20,000 individus de toutes classes parlant l'italien, demandera au Bey la même faveur et que cette faveur, le bey ne saurait la refuser.

On aurait donc au lendemain de l'apparition du *Petit Tunisien* ou de ses congénères, un journal italien qui s'appellerait l'*Avvenire di Tunisi,* le *Secolo del Norte dell'Africa* ou le *Diritto tunisino,* peut-être deux, peut-être trois autres.

Au bout de quarante-huit heures, les 1,200 Anglais qui ont été représentés successivement à Tunis, avec l'acrimonie particulière à ce peuple envieux, par M. Wood et par M. Read, solliciteront et obtiendront l'autorisation nécessaire pour faire paraître le *Tunis News,* le *Tunisian Telegraph,* l'*African Times.*

Enfin les 300 Allemands, pour ne pas être en retard, se cotiseront avec les trois Danois, les quatre Américains et les six Autrichiens qui demeurent à Tunis, pour avoir, eux aussi, leur petit papier public, tout au moins hebdomadaire, sous la rubrique d'un *Tuniser-Zeitung* quelconque.

Au total, quatre ou cinq journaux d'un coup, discutant dans toutes les langues de l'Europe la sauce à laquelle doit être mangé le Bey, les agissements de la France, les droits des Tunisiens, les droits des Français, les devoirs des deux gouvernements, tel serait le résultat immédiat de la première autorisation donnée.

J'avoue que cette perspective fait réfléchir, mais qu'elle n'est pas effrayante.

A tout prendre, les Italiens, les Anglais, et les Français qui se coudoient à Tunis ne s'abstiennent pas de discuter devant les cafés, en pleine rue, parce qu'il n'y a pas de journaux paraissant à Tunis même. Ils sont obligés d'acheter à grands frais les journaux venus de Marseille, de Paris, d'Alger, de Malte ou de Palerme, pour entretenir leur patriotisme ou leur haine réciproque.

C'est avec les dépêches que publient les journaux toujours vieux de quatre jours qu'on discute et qu'on apprend ce qui se passe. Le besoin de journaux locaux, en quelque langue qu'on les publie, est tellement nécessaire, immédiat dans cette immense ville où la France va accentuer le mouvement de colonisation d'une façon si inopinée, que des marchands de journaux se sont établis, alors qu'il n'ont pas de journaux du pays à vendre, mais pour vendre les journaux de l'étranger.

Et ils y font leurs affaires.

Les Français se jettent sur le *Temps*, sur le *Figaro,* qui viennent de Paris, sur le *Petit Marseillais* qui vient de la Cannebière, sur l'*Akbar* qui vient d'Alger, sur la *Seybouse* qui vient de Bône, sur le *Zéramma* qui vient de Philippeville.

Les Italiens dévorent l'*Avvenire di Sardinia,* la feuille immonde de Cagliari dans laquelle ils ont déversé des tombereaux d'injures sur la France, au temps où florissait le consul Maccio, de triste mémoire. C'était de Cagliari que leur venait également le non moins immonde *Mostakel*, journal arabe soudoyé par eux pour exciter le fanatisme de l'islam, ahuri par tant de prose et tant de mensonges, contre nous et contre nos projets, quels qu'ils fussent.

L'*Italie* et de petits journaux de Naples sont encore très lus. Les Anglais font venir le *Times* et le *Standard* où l'affreuse vieille, qu'on appelait la mère Taylor, imprimait les plus odieuses calomnies contre la France et son représentant. Lors de mon premier voyage, cette sorcière était au Grand-Hôtel où elle rendait la table d'hôte insupportable. Je constate aujourd'hui qu'elle a disparu de la circulation. Merci, mon Dieu !

Il faut espérer que M. Roustan changera d'avis en matière de presse tunisienne et qu'il décidera le Bey à accorder aux dix ou douze compétiteurs français toutes les autorisations en concurrence qu'ils sollicitent.

Il est certain qu'il y aura des explosions pour commencer ; mais qu'est-ce que cela auprès des commodités sans nombre que retirerait d'une publication quotidienne une ville comme Tunis. Je déclare hautement que je n'ai pas l'intention de fonder un journal à Tunis, et ce que j'en dis, les gens du métier en feront leur profit.

Il y a tout à créer dans cet ordre d'idées. Ce

ne sera pas une fortune ; mais pour un homme sérieux, intelligent, bien posé dans la colonie française, la direction des premiers journaux français est un poste tout indiqué. Au besoin le gouvernement de la République le subventionnerait, s'il voulait se mettre dans les eaux gouvernementales, ce qui n'est pas, à Tunis, un acte de domesticité comme en France. A l'étranger l'homme qui attaquerait son gouvernement passerait pour un fou ou pour un misérable. Il est juste que loin du terrain de la politique intérieure où nous pataugeons en France, un seul emblème groupe tous les Français à l'étranger. Cet emblème c'est le drapeau tricolore, que le Français, à Tunis comme ailleurs, doit toujours défendre sans se préoccuper du ministère d'hier ou du ministère de demain.

CHAPITRE XVIII

Le Rhamadan. — Coutumes religieuses. — Illuminations. — Jeûne rigoureux. — Le moment psychologique. — Le coup de canon. — Réveils lugubres. — Refus du musulman. — La cigarette et le fanatisme.

Nous sommes entrés, il y a deux jours, dans la lune de Rhamadan. Je dis « nous sommes », car malgré toute l'indifférence que je professe pour la religion de Mahomet, je suis englobé dans le Rhamadan, comme le plus saint homme de l'Islam. Comment éviter d'être englobé dans le Rhamadan ? Comment se soustraire à cette série de spectacles grotesques, qui nous entourent, nous enserrent et nous absorbent à l'instar des vrais croyants ?

Ce serait tenter l'impossible que d'essayer de fuir la Lune terrible. Où que j'aille en ces trente jours de jeûne et de pénitence, je trouverai l'Orient fermé.

Le Rhamadan est le mois funèbre de l'islamisme. Tout y prend une allure mortuaire. D'abord le jeûne a depuis deux jours transformé les riches Tunisiens et les simples moricauds qui m'entourent, en spectres faméliques, que deux yeux en vrille guident lentement au travers des rues.

Ils ne marchent plus, on dirait qu'ils vont choir ; ils glissent. La faim leur enlève toutes les forces pendant quinze heures, du lever du soleil à son coucher. Or comme la lune de Rhamadan représente chaque année notre mois d'août, à quelques jours près, les heures qui s'écoulent entre l'apparition du soleil et son départ sont extraordinairement longues.

Quelle que soit leur douloureuse lenteur, tout Tunis, qui est orthodoxe en diable, — il n'y a guère de musulmans qui ne soient fanatiques, ou orthodoxes, ce qui est tout un — tout Tunis jeûne et prie avec une passion que je qualifierai de barbare.

Les soixante-quinze mille musulmans de la

ville vont rester trente jours sans boire, ni manger, ni fumer, ni pénétrer chez leurs femmes à d'autres heures que celles de la nuit. Et encore! La nuit les mosquées sont illuminées par les soins des muezzins. Les minarets sont ornés de lampions et de girandoles; on dirait que c'est tous les soirs le 15 août, notre fête d'hier, ou le 14 juillet notre fête d'aujourd'hui. Et tout bon musulman doit aller à la mosquée y remplir ses devoirs, ce qui, avec l'heure consacrée à la sustentation et les cinq heures nécessaires au sommeil bien gagné, occupe furieusement la nuit de pénitence.

Le jeûne est absolu. Quiconque y manquerait serait, je crois, déchiqueté sur l'heure. Les *arabisants* et autres français familiarisés avec la vie mahométane trouvent cela très beau et se rient de nos étonnements naïfs. Je trouve, moi, cela idiot et j'ai bien le droit d'avoir là-dessus mon avis aussi bien que les arabisants, qui sont pour la plupart de terribles rabâcheurs,—et sans qu'ils s'en doutent, de rudes ennemis pour leur pays, la France, soit dit en passant.

Il y a dans toutes les allées et venues de ce

Rhamadan que j'ai sous les yeux depuis quarante-huit heures, deux minutes psychologiques, comme on dit en Allemagne.

La première le matin ; la seconde, le soir. La première est terriblement matinale. Le matin, au moment où point l'aube tendre et blanchâtre, inondant tout à coup d'une clarté qui reste longtemps, les collines pelées, le désert lamentable, la mer silencieuse, un coup de canon part de la citadelle, de la kasbah de Tunis, d'un fort de la Goulette, des batteries du Kef, de Bizerte, de Kairouan, de Sousse, de Sfax, de Constantinople, d'Alger, de Tanger, de Smyrne, de partout où il y a des canons dévoués à l'Islam. (Les nôtres en Algérie sont du nombre, par une de ces adorables ironies que la naïveté de nos gouvernements nous tient toujours en réserve.)

A ce coup de canon, tout l'Islam se lève et crie : Allah ! ah ! ah ! Je ne sais trop au juste ce qu'il crie après qu'il a dit Allah, mais il crie très fort, confusément, avec de grands gestes, les bras en l'air, la face tournée vers la Mecque. C'est dans toute la ville comme une traînée de gémissements, de cris, de piaillements, de gloussements indéfinissables qui se prolongent pendant deux minutes. On dirait l'effroi, l'épouvante d'une ville prise ou la clameur d'une horde prenant la ville. Chaque matin je suis réveillé par ces braillards et par leur braillement. C'est sinistre, et de ce temps-ci, où l'on voit aisément 50,000 Arabes aux portes de Tunis, il y a plus d'un juif qui tremble dans son lit quand le coup de canon et les horribles beuglements de l'Islam en rut viennent brusquement couper son sommeil.

Jusqu'à la nuit, toute la ville reste à jeun. Vers deux heures, la faim commence à tirer les visages et les estomacs. Les va-nu-pieds qui dorment couchés en travers des portes, ronflent comme des gens accablés ; les marchands des bazars bâillent à se décrocher la mâchoire ; le Barouchi suspend le café qu'il offrait naguère à ses clients, pour ne pas désobéir à la loi du Prophète, même approximativement : la mosquée ne désemplit pas ; les Arabes ont un œil féroce quand ils passent à côté de nous, et on sent que ce mois est celui où pour apaiser la colère d'Allah, les horribles jeûneurs qui couvrent l'Afrique et l'Asie de leurs vermines, mangeraient du chrétien avec satisfaction, qu'il fût rôti, grillé, à la broche, refroidi, n'importe à quelle sauce.

Le soir, un coup de canon semblable à celui du matin signale la disparition du soleil et la clôture du jeûne pour quelques heures, c'est là qu'il faut voir toute la population des va-nu-pieds autour de la kasbah, où se tire le coup de canon, ou bien sous la porte espagnole, d'où on l'entend à merveille. Ils sont par groupes de trente ou quarante, timides en apparence, souffreteux, tirant la langue. Ils tiennent une cigarette dans la main droite et une allumette dans la main gauche. Le canon part. Aussitôt le beuglement : Allah ! se fait entendre, moins fort que celui du matin. On est moins pressé de crier, mais on l'est beaucoup plus d'allumer la cigarette. Toutes les allumettes grattent le mur avec la vitesse et l'ensemble d'un mouvement militaire. C'est l'école de peloton du Rhamadan; toutes les cigarettes s'allument par ce mouvement méthodique, et d'un seul coup on voit des centaines de nuages de fumée s'élever lenement dans les airs. Cette opération grave se fait en silence. On mangera tout à l'heure, car la mangeaille ne vient qu'au second rang; ce qui est plus important que tout, c'est la cigarette. Fumer! Prier! Tout l'islam fume et prie, et quand il se bat contre les chrétiens c'est que l'islam croit sérieusement que les chrétiens vont lui enlever ces deux consolations de sa vie sur cette terre.

La vie, qui s'était arrêtée depuis le matin, renaît pour les pauvres diables qui n'ont rien fait à Mahomet, et que Mahomet empêche de manger leur riz, leurs oignons, pendant les trente jours de lune de Rhamadan.

Les personnages de distinction se retirent dans leurs campagnes, quand ils en possèdent, et font abstinence aussi bien que les gens du peuple. D'un bout à l'autre de la Méditerranée, qui sur presque tout son littoral, baigne les pieds de la race musulmane, ce ne sont que coups de canon et chants des Muezzins, à cette heure solennelle de huit heures, pendant la lune de pénitence.

En Algérie, où nous avons respecté la foi

musulmane avec une délicatesse qui serait risible si elle n'était pas lamentable, ce sont nos artilleurs français qui tirent les deux coups de canon quotidiens du Rhamadan ; même aux jours les plus douloureux des insurrections, même au lendemain des exécutions, des mutilations de nos soldats par les Arabes, nos artilleurs tirent les coups de canon du Rhamadan.

Un comble !

Un jour un vieux de la batterie de Constantine dit tout haut cette parole :

— Si au moins nous chargions à mitraille et que nous tirions sur cette crapule, je comprendrais le Rhamadan, et je ne demanderais pas mieux que d'augmenter la dose.

Ce vieux troupier avait raison.

Mais revenons aux Tunisiens ; l'Algérie est trop près d'ici pour que je n'aie pas la tentation d'en dire beaucoup de bien et beaucoup de mal, ce qui sortirait du sujet que je me suis proposé.

Au moment où le canon de la Goulette, répondant à celui de Tunis, indique le moment précis où la nourriture peut être reprise, tout le travail du port est arrêté comme par enchantement.

On connaît l'histoire de ce cantonnier rural, qui laisse retomber la pioche derrière son épaule au premier coup de midi. C'est même chose. Déchargeurs, chargeurs, aides manœuvres, arrimeurs, tout ce qui travaille en rade de la Goulette, à bord des paquebots et des navires de commerce, s'arrête court au coup de canon. Ni les jurons des capitaines ni les bourrades des maîtres d'équipages, ni les tentations d'une paie extraordinaire ne peuvent exercer la plus petite influence sur la résolution de ces messieurs.

Ces messieurs lâchent les colis, les marchandises, le charbon, tout. Ils allument une cigarette, descendent dans leur mauvaise barque et regagnent le quai de la Goulette en grignotant du pain noir.

Ils s'en iraient à la nage plutôt que de se priver de la soirée de fête que le Rhamadan leur accorde. Ils voient au loin dans la brume bleuâtre les minarets de Tunis qui s'illuminent, et ils disent : « Allah ! » en faisant trois fois leur prière.

Cet état d'abrutissement de toute une race de

travailleurs, déjà plus que fainéants, cause aux paquebots de la Goulette les plus sérieux préjudices, et de très fâcheux retards pendant toute la durée de la célèbre lune.

Mais Mahomet a voulu que cela fût.

Allah de même.

Ainsi soit-il !

CHAPITRE XIX.

Les spéculations de terrains. — Bâtisses et décorations. — Le Nicham - Iftcar. — La folie du Nicham. — Correspondance curieuse. — Ressources tirées des plaques.

Je viens de causer avec des spéculateurs de terrains. C'est qu'on spécule follement à Tunis ! Le système de Law transporté au bord du lac carthaginois ! L'agio triomphant à la Manouba ! O prospérité française ! O facilité de l'argent, que de combinaisons on étudie en votre nom !

Qui le croirait ? Le terrain vaut aujourd'hui, à Tunis, cinquante, soixante, soixante-dix et quatre-vingts francs le mètre carré !

Plus cher qu'à Saint-Germain !

Il s'est passé des choses étonnantes. Un vent de spéculation a soufflé sur Tunis. Des gens sont venus, qui le lendemain du traité du 12 mai, ont *ramassé* du terrain sur la Marine, dans le quartier européen, autour du chemin de fer. Ils ont payé dix et quinze francs le mètre, ce qui est déjà un joli prix pour la Tunisie. Et aujourd'hui, ces acquéreurs, devenus revendeurs, trouvent parfaitement d'autres acquéreurs qui leur paient quarante-cinq francs et cinquante francs, ce qu'ils ont payé dix il y a trois mois.

Un Maltais a gagné 80,000 francs en juin, sur un terrain qu'il tenait d'un parent, et qui n'avait jamais valu cent piastres aux yeux des Tunisiens. Les Européens bâtiront là-dessus des maisons. La femme d'un préfet de Naples, Mme F....., va faire une fortune avec 50,000 mètres de terrain qu'elle reçut en cadeau du Bey, il y a dix ans. Tout ce qui est en bordure du lac est inabordable, parce qu'on espère que le port sera bientôt creusé, et qu'alors, on s'arrachera lesdits terrains en bordure.

Que dis-je ? Un Parisien est arrivé l'autre jour à Tunis. Il a payé 70,000 francs un terrain placé en face du Consulat de France, sur la Marine ; et il va construire là un théâtre dans le genre de Folies-Bergères. Il y aura une loge pour chaque consul, programme varié, et Charles Hubans (qui l'eût cru ?) conduira probablement l'orchestre. On lui a fait, paraît-il, des propositions dans ce sens. D'ici quinze jours, les entrepreneurs arriveront de Paris avec leurs matériaux, et dans six mois aura lieu l'ouverture, qui me paraît devoir coïncider avec celle des hostilités.

Tout cela n'est-il pas un conte ? Non. Informez-vous à d'autres. Demandez à la Banque X, à la Banque Z, au Crédit Chose, au Comptoir Machin. Ils ont tous loué des boutiques, *for ever* !

M. Roustan dit une parole sage à tous les chercheurs d'or qui escomptent la Tunisie, parfois sans réfléchir.

— Apportez de l'argent ici et faites-le produire ; il fructifiera beaucoup. Mais n'espérez pas le ramasser à la pelle sans avoir semé. Il ne pousse pas plus à Tunis qu'ailleurs.

A Bizerte, qui n'est pas à Tunis, on a parlé du plan d'un port militaire qui pourrait être creusé par la France.

Aussitôt, les spéculateurs sont arrivés, et le

terrain vaut à Bizerte quarante jolis francs le mètre carré. C'est donné.

Le général Maurand a cherché une maison à la Manouba, pour sa famille. On lui en a trouvé une, à peu près passable. Six mille francs de loyer, et un bail !

Le général a commencé par louer pour un mois, et je crois qu'il s'en tiendra là, devant cette plus-value.

Le devin qui eût prédit ces temps à défunt Annibal, voir à l'amoureuse Didon, n'eût-il pas surpris considérablement ces personnages primitifs ?

Si c'est à tous ces spéculateurs-là que nos journaux intransigeants font allusion quand ils parlent de capitaux mystérieux engagés à Tunis, ils font fausse route assurément. Tout le commerce, toutes les richesses d'une nation ne sont-ils pas précisément dans les efforts faits pour la construction, l'embellissement, l'achalandage d'une capitale ignorée des Européens, comme l'est Tunis, et qui pourrait aisément devenir la rivale d'Alger.

Bâtissons, décorons, il en restera toujours quelque chose.

Décorons ! Le mot me fait penser à l'une des drôleries de la vie Tunisienne, à la décoration sacrée du Nicham-Ifticar. Il faut pour bien désigner cet ordre sublime, tant convoité par les gens de bureau qui ont des ambitions secrètes — éternuer en parlant ou parler en éternuant.

Nicham-Ifticar ! Comme cela donne envie d'avoir un ruban rouge et vert à la boutonnière !

Avec le Shah de Perse, qui donne aussi un Nicham quelconque, — pas Ifticar, assurément, — le Bey de Tunis est le souverain de notre planète qui prodigue le plus les décorations. D'ailleurs la règle est connue. Plus un gouvernement est obéré, plus il donne de décorations Comme ces décorations rapportent aux gens du Bey un pot-de-vin, et tous les ans, ou tous les trois ans, un petit rappel de droits proportionnels au grade, payable à la Chancellerie du pays qu'habite l'infortuné titulaire, le Bey de Tunis a donné des ordres pour que cette décoration du Nicham-Ifticar fût habilement prodiguée aux marchands de saucisses de la chrétienté, et notamment aux badauds de France pour qui les ferblanteries étrangères ont un inexplicable attrait.

Je n'ai jamais eu l'intention de demander à notre ministre à Tunis la communication de ses dossiers au chapitre Nicham-Ifticar; il est probable d'ailleurs que si j'avais demandé cette communication, elle m'eût été — courtoisement et à regret, j'en suis sûr, — refusée par M. Roustan, mais comme j'eusse donné quelques heures de ma vie pour dépouiller le stock de demandes, de propositions, de menaces, que contiennent ces dossiers, relativement au succulent Nicham-Ifticar !

Il faut songer que pendant des années le consul de France n'a eu qu'à enregistrer ces lettres, qu'à statuer sur les demandes et qu'à faire signer au Bey 1,500 ou 2,000 brevets décoratoires par an, qui faisaient entrer chacun des sommes illégales dans la caisse, toujours sonore et vide, des malheureux princes Tunisiens. Il n'est pas de changeur désireux de tromper les apparences, de voyageur en liquides fier de porter un nom ronflant, de gommeux destiné à faire des dettes et des dupes, qui n'aient demandé le Nicham-Ifticar, sans droit, sans recommandation d'aucune sorte, sans rien, tout simplement pour l'avoir.

La décoration du Nicham-Ifticar, rouge avec un liseré vert imperceptible, est aussi adorée des Parisiens, qui ont cette douce manie de la rubannerie étrangère.

Quand un jeune homme veut se marier et qu'il tient à en imposer à sa belle-mère, il demande le Nicham-Ifticar; contre remboursement de quelque cadeau, je crois, il reçoit la plaque de Chevalier qui vaut bien cent sous. Pour un bon présent il pourrait être Officier, le jeune homme, puis Commandeur légal du Bey !

M. Roustan a mis, je le sais, un certain ordre dans le gaspillage fantastique qui se donnait carrière à Tunis ; il était temps, car on commençait à voir beaucoup trop de farceurs qui portaient l'ineffable Nicham-Ifticar à leur boutonnière.

Il paraît que les formules de demandes entassées à la résidence sont extrêmement curieuses. Les unes sont dignes, sévères, *arrivées* ; les autres sont humbles, modestes, exagérées dans leur modestie ; d'autres sont impérieuses, pressantes. Il y a des gens qui écrivent : « Veuillez me décorer sous 90 jours, ou fin courant », et qui envoient des injures à leur consul quand le ruban n'arrive pas. — « Offrez d'avance quelque chose » ; telle est la devise des courtisans dispensateurs de la décoration.

Moyennant l'accomplissement de cette formalité, vous avez de Son Altesse toute la boîte assortie de l'Ordre, si vous le désirez, — toujours moyennant finance. Et pour faire en sorte que les promotions soient de plus en plus lucratives, on a imaginé de se faire offrir de nouveaux cadeaux pour chaque nouveau grade.

Je ne crois pas qu'on ait refusé la croix du Nicham à beaucoup de personnes, j'entends des personnes à peu près dignes de la plus humble des plaques. Cependant il s'est trouvé des demandes si cocasses, me disait l'autre jour un chancelier, que force est de leur répondre par une fin de non recevoir. Ce qui indispose toujours horriblement les postulants.

Dans une première lettre, le postulant écrit au Bey : « Votre ordre si vénéré, si respecté de tous », etc.

Dans la seconde lettre, tout est changé : « Gardez votre infect Nicham. J'en trouverai de plus propres et de moins chers ailleurs ».

M. Roustan cherche à contenter de son mieux le monde des quémandeurs, et il doit souvent s'amuser à ce métier, digne tout à fait d'un philosophe. En effet, le négociant ambitieux et le sous-préfet mondain, le spéculateur millionnaire, le conseiller général « visant la députation » sont ses clients favoris. Que d'autres encore dont les lettres seraient si croustillantes pour la galerie !

Je ne sais pas ce que le Nicham-Ifticar rapporte aux ministres tunisiens, mais à coup sûr, ce doit être la base la plus claire de leur actif.

En effet, combien de badauds, en France, sont prêts à donner discrètement de fortes sommes, pour posséder ce bienheureux Nicham, alors que moi, sceptique en diable, je le repousse énergiquement quand un ami tunisien me l'offre !

CHAPITRE XX

Les chercheurs de marbres. — Mission française. — Le glaive à Tunis et la pioche à Utique. — Récit des travaux du chercheur. — Dix minutes dans le passé.

Au moment où nous allons faire une vraie guerre dans la Régence, il est assez piquant de voir une mission française fouiller tranquillement le sol tunisien pour en tirer des marbres. La science de la spéculation, ou la spéculation de la science, nous donnent aujourd'hui ce spectacle.

Il y a en ce moment même une forte équipe d'ouvriers non loin de Bizerte, à Utique, soldée par un groupe de richards parisiens, et cette équipe pioche sans relâche pour déterrer le plus d'objets, mettre à découvert le plus de statues possible, arracher enfin au sol les vestiges de l'ancienne ville carthaginoise et romaine, où vécut feu Caton, — avec l'autorisation gracieuse du Bey, bien entendu, qui ne se moque pas mal de la ville antique, des statues et de Caton lui-même.

J'ai rencontré hier le délégué de cette société, M. d'Hérisson, le fouilleur en chef, si j'ose m'exprimer ainsi.

Le récit de ses travaux est intéressant.

Ainsi, on a découvert à Utique, nombre de menus objets qui feront la joie des petits amateurs, entre autres choses beaucoup de lampes de toutes les dimensions, de toutes les époques, des amphores, des plats, des urnes, des bagues, des épingles, des fûts de colonnes, des statues, des mosaïques.

Ce qui caractérise les poteries et les marbres découverts par le voyageur français dans la vieille cité de Caton, c'est le parfait état de conservation dans lequel sont (— je viens d'en voir trois grandes caisses —) les figures et les dessins primitifs qui ornent ces bibelots séculaires.

La plupart des lampes, gracieuses ou biscornues, suivant leurs dates, sont couvertes d'allégories et de dessins dont la pureté n'a pas été altérée. Evidemment, ce sol de la vieille Lybie n'a pas été remué comme le nôtre, par la pioche inquiète de dix mille savants. De plus, la civilisation n'a fait qu'y passer ; les barbares l'ont enfouie sur place, et les Arabes passent dessus depuis quinze siècles, sans que le sabot de leurs chevaux ait écorné les chefs-d'œuvre ensevelis sous les sables.

Les gens de Paris ont donc eu du flair, pour employer le terme exact, en dirigeant par là leurs recherches des antiquités. En attendant qu'on y découvre plus d'un dieu caché sous l'herbe, trois choses curieuses au milieu des deux mille cinq cents objets des premières fouilles, constituent les véritables *clous* de cette aubaine inattendue.

C'est d'abord un petit Bacchus grec en marbre de Paros, dont la forme est exquise. La tête, fort expressive, est détachée ; mais on l'a retrouvée à côté de la statue ; l'un des deux bras manque.

Les contours du corps sont délicieux. Ils rappellent les plus pures conceptions des maîtres d'Athènes, et sûrement ce dieu grec, enterré au fond de la Tunisie, est venu de l'Hellade en Afrique par Tyr où on l'adorait.

On l'a trouvé dans le fond d'un temple mis à découvert. Devant le dieu, se déroulait une mosaïque de trois mètres de circonférence qui ne pourra être transportée en France qu'au prix des plus grands efforts. Cette mosaïque est curieuse. Elle représente des tritons et des dauphins ailés, qui sont de la plus étrange conception. Le fini de la mosaïque est remarquable.

Mais le plus surprenant dans la collection tunisienne, recueillie à Utique, c'est une grande urne phénicienne en plomb, scellée, avec sa seconde urne en verre bleu irisé, et les cendres d'un Phénicien dedans.

Voilà par exemple un Phénicien dont je me méfie. J'ai comme une idée vague que, s'il est authentique, ce Phénicien carbonisé a dû orner l'antichambre de quelque grand seigneur tunisien, qui l'a sans doute indiqué au chercheur français. Il court des bruits là-dessus ; mais qu'est-ce qu'un Phénicien de plus ou de moins dans une collection de poteries antiques?

Voici quelle est la légende de ce phénomène.

La pique de l'un des ouvriers qui travaillaient à Utique, avait rencontré un morceau de plomb.

Mis au jour, ce morceau de plomb fut reconnu pour une urne de grande dimension, intacte. On l'ouvrit et on y trouva ce que je viens de dire. C'est là un objet singulier. Le vase de verre qui contient les restes du Phénicien est du reste joliment ouvragé. Ce doit être là l'urne cinéraire d'un homme de marque. Mais bien fin qui pourrait nous dire ce que c'était que ce Phénicien-là, il y a vingt-cinq siècles. Le voyageur conduira cette urne précieuse avec les plus grands soins. Sur le bateau qui le ramènera à Marseille, alors que ses deux cents colis seront entassés dans les soutes, l'urne reposera dans sa cabine, sous sa couchette, calée et protégée contre le roulis et le tangage, par une caisse de bois capitonnée d'herbes desséchées.

Télémaque n'eut pas plus de tendresses pour les cendres d'Hippias. Et quand M. de Jussieu rapporta dans son chapeau le cèdre du Jardin des Plantes, il n'eut certainement pas pour l'arbre de Judée plus de sollicitude que notre compatriote n'en témoignera à son Phénicien réduit en cendres. Moi-même, je suis resté rêveur en contemplant les cendres du riche Phénicien.

L'e croirait-on ? Cette collection de deux mille cinq cents objets a été mise à découvert en deux mois.

Il paraît que la vieille Lybie est couverte de ruines romaines. On pioche un peu le sable, et on y trouve des temples, des théâtres, des villes entières. Rien qu'à Utique, on a trouvé un temple romain de belle dimension, des statues et des objets curieux qu'on a enfouis de nouveau, les hommes employés aux fouilles ne pouvant suffire à leur transport immédiat.

Ce travail si heureusement accompli, qui fait honneur à la science française, a eu pour point de départ une souscription amicale (un peu narquoise, je le parierais) de neuf ou dix amateurs parisiens. MM. Alphonse de Rothschild, Richard Wallace, Cahen d'Anvers, de Camondo frères, Raymond Seillière, de Lambertye, Alexandre de Girardin, avaient formé un capital de cent mille francs. Donner cent mille francs, en 1881, à Paris, pour que quelqu'un aille faire des trous dans le désert et y chercher des poteries qu'on *suppose* être enfouies là, c'est assez réussi.

Les « gentlemen-souscripteurs » qui risquaient ce handicap archéologique doutaient peut-être un peu de l'entreprise. Je gage qu'ils espéraient secrètement voir revenir leur mandataire très mortifié, après deux années de longues recherches, porteur de quelques vieux pots cassés, et encore !

Comme ils sont millionnaires tous, et que la perte de quelques billets de mille francs ne les effraie pas, ils eussent éprouvé un plaisir sans mélange à s'arracher les rares pots antiques et à dire en manière de *scie* archéologique :

— C'est égal, le pot qui me revient pour mes dix mille francs est joli, mais il est cher. Enfin, il est si vieux !...

Entre gens du monde, on eût plaisanté.

Et voilà que, tout au contraire, M. d'Hérisson va revenir sur un navire chargé à couler bas ! En soixante jours, il a fait plus que ne font en soixante mois tant d'autres, qui s'obstinent à fouiller l'Europe ou la seule Carthage depuis longtemps dévalisée. Il va distribuer à ses amis une collection qui vaut certainement le capital employé, au prix où les Anglais et les Américains paient maintenant l'archéologie, bonne ou mauvaise.

Il faut donc féliciter, au nom de la science, ces gentilshommes parisiens qui ont subvenu aux frais de la mission de leur ami. Leur récompense est réelle, puisqu'ils ont fait une affaire qui paraît bonne ; mais ce qui vient de se passer à Utique n'est-il pas un enseignement pour l'Etat ?

Alors que l'Etat, ce qui s'explique d'ailleurs, peut difficilement donner quinze cents francs à un jeune antiquaire qui part pour l'inconnu et n'en revient pas toujours, faute de ressources, ne pourrait-il encourager la création de sociétés libres de recherches, agglomérations artistiques de capitalistes et de savants voyageurs qui, sous le patronage officiel de la France, iraient ainsi mettre à nu toute une civilisation encore endormie, par exemple, sous les sables de la Libye antique ?

Quand on songe que la Régence de Tunis contient aujourd'hui *trois cents villes* ensevelies, dont çà et là des fûts de colonnes indiquent la sépulture dans le sable, on se demande ce que la pioche des voyageurs français n'y découvrirait pas, et combien il faudrait d'antiquaires pour déblayer les chefs-d'œuvre grecs ou romains qui évidemment sont là !

Il paraît qu'à Utique même, notre compatriote a heurté deux fois des *frisons* de cheveux en marbre, indiquant sous le pied des statues de femmes. Faute de moyens de transport, il a soigneusement recouvert de sable les têtes qui émergeaient, et fait une croix sur la pierre voisine. Combien de temps mettront ces continuateurs pour exhumer tout ce qui dort là ? J'ai dit que le Bey laisserait poursuivre tous ces travaux. Il a même fait en février cette déclaration, qui peint l'homme :

— Je ne comprends pas bien l'intérêt que vous avez à tirer de la terre toutes ces petites machines ; mais vous pouvez compter sur mon concours absolu.

A Tunis, le glaive suspendu sur la tête de Mohammed-el-Sadok ; à Utique, la pioche déblayant avec frénésie les vestiges de la civilisation romaine.

A Tunis, les quatrièmes bataillons de l'armée française exerçant sous un gouvernement hébété la coercition nécessaire, pour que le progrès des temps nouveaux fasse son entrée triomphale dans la Libye, qui était redevenue barbare sous le Turc !

A Utique, la pelle de deux cents moricauds inconscients soulevant la terre, et aidant à reconstituer les temps anciens !

Sujet de réflexions pour le philosophe ! Excursion mentale de dix minutes, — pas davantage, — dans le passé !

Admirable matière à mettre en vers latins !

CHAPITRE XXI

Navrants détails sur la santé des troupes. — Incurie de l'intendance. — Services administratifs légendaires. — Les draps de Besançon. — Autre exemple : les fourrages de Vesoul. — Faits monstrueux. — Farre vaut-il Trochu, ou Bazaine ? — Idées générales.

Encore que l'éditeur ait pris le soin de dire au lecteur que ce livre n'était ni un livre d'histoire, ni un procès-verbal militaire, je crois que le lecteur ne me pardonnerait pas de passer sous silence la grave question de « la santé de nos soldats ». Elle cause parmi les Français restés en France une panique sans doute exagérée, mais le spectacle quotidien de leurs souffrances nous a peut-être bronzés nous autres, plus qu'il ne conviendrait sur les formes affreuses qu'affecte la mort pour les frapper, au nez et à la barbe des services d'ambulance qui n'ont ni draps, ni drogues, ni voitures, ni médecins en nombre suffisant pour les malades.

La chaleur tropicale qui sévit en ce moment tue les plus faibles, et les services les mieux organisés n'empêcheraient pas les tout jeunes gens de mourir d'insolation ou de la dyssenterie, très probablement. Mais ceux qui sont atteints de la fièvre typhoïde, des fièvres pernicieuses ou autres affections, généralement aggravées par la présence d'un grand nombre d'individus dans un même local ! Que fait pour eux l'administration de la guerre ? Rien. Ils sont malades, tant pis. Qu'ils crèvent, c'est leur état. L'administration de la guerre se ferait ce raisonnement odieux, que ses services ne seraient pas plus lamentables qu'ils ne le sont aujourd'hui, — après la guerre de 1870, après tous nos revers, après les leçons d'une humiliante expérience !

Encore aujourd'hui la triste intendance et les terribles services administratifs — la robe de Nessus — dont nous ne serons jamais débarrassés triomphent à Tunis, à la Manouba, à la Goulette, à Fernana, à Béjà, à Aïn-Draham, dans tous les endroits enfin où des ambulances ont été installées. Et on voit d'ici ce que j'entends par leur triomphe, c'est dire que les médicaments sont absents, que les effets mobiliers n'arrivent pas à l'heure, que les malades sont traités comme des bestiaux pestiférés auxquels le service médical de l'armée donne en général tous les soins, je veux bien le croire, mais qu'en particulier certains aides-majors négligent ou démoralisent sans pitié. Témoin celui qui disait l'autre jour à l'ambulance de je ne sais quel camp, entre Tunis et Ghardimaou :

— Ah ! il n'y a pas de voitures pour vous évacuer ! Eh bien, moi, je vais vous rassurer tous. Avant quarante-huit heures, on vous évacuera sur le cimetière !...

L'aide-major qui a prononcé ces paroles les a prononcées devant un chef de bataillon qui faisait la visite avec lui, qui expliquait l'absence des voitures d'évacuation, et qui n'a pas soufflé mot.

Ce petit tableau de notre discipline actuelle est lugubre. On voit ce commandant, ce carabin, et les moribonds, dans quelque baraque en torchis de Béjà ou de Mateur, à l'heure de la visite.

Le commandant est pensif, le carabin est léger.

Le carabin ose prononcer ces paroles infâmes devant les moribonds, qui retiennent leurs larmes.

Et le commandant ne trouve pas le moyen de répondre au blanc-bec sinistre par quinze jours de prison.

Triste ! Triste, notre pauvre armée !

J'en ai tant vu que je ne sais par quel bout commencer. Et puis, ces détails sont funèbres. J'en citerai seulement quelques-uns, et tous relatifs au service de la santé. La question de la discipline est trop grave pour être traitée en quelques pages, où l'impression ressentie exclut naturellement la discussion.

On n'entend parler ici que de malades qui manquent de tout et d'intendants qui ne font rien acheter. Un exemple : l'ambulance de la Goulette manque de draps. On couche les malades dans une literie où deux ou trois de leurs camarades sont déjà morts de la fièvre typhoïde. Aussi les malheureux sont-ils exposés à l'épidémie dix fois plus que si on ne les soignait pas. Or un intendant à qui le médecin militaire faisait part de cet état de choses, a répondu par le mot suivant :

— Vous aurez des draps prochainement. J'écris à Besançon pour les faire venir.

Est-ce à Besançon ou à Vesoul, dans quel dépôt au juste, je ne sais pas exactement. Mais ce qu'il y a de certain, c'est que le mot est authentique. On écrit en France pour faire venir des draps d'ordonnance, qui mettent huit ou dix jours à arriver, plutôt que d'en acheter chez les marchands, à Tunis. Il n'y a pas que dans le service des ambulances que cette incurie se manifeste. Tout le monde connaît ici le trait de l'intendance, dit « des 800 balles de fourrage ». Il demeurera légendaire.

Au milieu de la campagne des Kroumirs, un intendant à qui le commandant X..., des chasseurs à cheval, demande de l'orge arabe pour son escadron, trouve beaucoup trop simple d'acheter de l'orge au premier fondouk venu, et d'envoyer l'emplette aux chevaux arabes des chasseurs. Il écrit en France, à Vesoul ou à Besançon, à moins que ce ne soit à Chaumont, peu importe, pour demander *des fourrages*.

Aussitôt partent de la ville en question 800 balles de foin comprimé qui arrivent à Marseille et que le prochain transatlantique embarque en toute hâte pour Bône. Arrivé à Bône le capitaine du paquebot demande à l'intendant où il doit livrer ses balles de foin.

— Ici, lui répond l'intendant.

Et le commandant se met en mesure de débarquer ses 800 balles. Survient le chef d'escadron qui s'impatientait à son cantonnement et dont les chevaux mouraient de faim.

— Et mon orge ?

— Voilà du foin comprimé.

— Du foin comprimé ! Que voulez-vous que j'en fasse ! J'ai des chevaux arabes, qui ne mangent que des fourrages et des graines du pays quand ils se retrouvent dans leur pays. Il me faut de l'orge.

L'intendant fait rembarquer les 800 balles et invite le capitaine du paquebot à les porter à Bizerte. Peut-être quelques cavaliers les utiliseront-ils. Mais à Bizerte, même refus.

Le capitaine va sur la rade de la Goulette et fait savoir à tous ceux qu'il appartiendra que

800 balles de foin comprimé sont à la disposition des amateurs. Silence général.

De sorte que le malheureux est reparti pour Marseille avec son chargement. Voilà 800 balles de fourrages qui auront coûté cher, au chapitre des *réquisitions*.

Il en est ainsi de toutes les branches de l'administration. Des malheureux qui tombent en ce moment comme des mouches, sous un climat peu fait pour leur équipement exagéré, sont victimes de l'autoritarisme brouillon d'un seul homme qui dirige au ministère, ou bien, ce que je crois plutôt, d'une routine indécrottable qui mènera l'armée française à sa ruine, si on ne la bouleverse de fond en comble pour y apporter des éléments neufs et originaux.

On ne s'aborde ici qu'en se contant mutuellement les balourdises de l'intendance et des services administratifs. Celui-ci vient de Fernana ; on n'y lave pas les couvertures ; il n'y a pas de lits pour coucher les malades, on les aligne sous une tente trouée, et ils y deviennent ce qu'ils peuvent. Cet autre arrive d'Aïn-Draham ; il n'y a ni paillasses, ni couvertures, ni médicaments. Il faudra peut-être un mois pour que tout cela vienne. Tel autre campe à Béjà; il y a beaucoup de dyssenterie, et on n'a ni opium, ni bismuth, ni ipéca. Tel autre au Kef, où c'est bien plus fort; il n'y a pas d'ambulance du tout. On soigne les hommes au petit bonheur. Ici, c'est pendant dix jours qu'on fait attendre l'envoi des objets de première nécessité: l'on n'envoie rien du tout, malgré les demandes pressantes des majors.

Maintenant le plus cynique:

On évacue de temps en temps les typhoïdiques sur les hôpitaux d'Alger ou de France. On ne craint pas de mettre ces hommes infectés d'une maladie épidémique, à bord des paquebots réguliers ou soi-disant tels, sur lesquels se trouvent des voyageurs civils. La mer rend ces convalescents blancs comme des cadavres, et il arrive souvent que lorsque le bateau touche à Bône il y a des mourants qu'on n'ose débarquer, parce qu'il faudrait trop de précautions et que cela ferait du scandale. On les achemine du coup sur Marseille, où ils arrivent tout à fait moribonds, après avoir effrayé femmes et enfants aux troisièmes et aux secondes classes du navire, et donné le germe de la maladie, peut-être, à quelques passagers.

Il y a des tentes-ambulances, du côté de Béjà, d'où les malades sont évacués sur des mulets faute de voitures d'ambulance. On les hisse sur les mulets à califourchon, et ils meurent avant d'avoir fourni les 50 ou 60 kilomètres nécessaires pour gagner l'Algérie. Cette promenade d'évacuation est sinistre. Au moyen âge elle eût été employée comme torture. Car c'est la torture aboutissant à la mort certaine.

Le ministre de la guerre, ou le ministère, peu m'importe, n'a rien prévu, rien combiné en vue d'un abattement général des troupes par ce climat tropical, écrasant. C'est là un crime. Je vois avec pitié nos chirurgiens de l'armée acheter dans les officines de pharmaciens à Tunis, les drogues élémentaires qui leur manquent, la quinine par exemple, et cela sur leur modeste solde. C'est ignoble.

Trochu et Bazaine ont été déshonorés, l'un pour avoir rendu Paris, l'autre pour avoir rendu Metz. Je ne vois pas de différence entre les actes de ces hommes et celui du général Farre, dont le nom sera maudit comme le leur, car il conduit notre armée à la plus honteuse série d'échecs partiels qu'on ait imaginés, et il laisse mourir sans soin nos soldats en Afrique.

Il est singulier qu'il n'y ait pas, dans la loi militaire, un paragraphe où le coupable de ces scandaleux délits soit déféré au conseil de guerre. Certes, je ne fais pas de sensiblerie et je suis le premier à proclamer que nous nous attendrissons trop maintenant en France, sur le sort éventuel des soldats qui font campagne. Mais entre le combat et l'hôpital, il y a loin. Je ne plains pas le soldat qui tombe sous une balle arabe, et je demande vengeance pour celui qui crève de la fièvre, comme un chien, sous une tente sale, pourrie, sans draps, sans couvertures et sans quinine,— ce qui est le cas de 2,000 des nôtres en ce moment étendus sur les couchettes d'ambulance.

A coup sûr, il y a là encore autre chose que l'ineptie d'un ministre; il y a la terrible routine militaire que les généraux ont apprise à Saint-Cyr et avec laquelle ils meurent. Depuis 1870, ils n'ont pas changé, les fameux bureaux! C'est à croire que les pires ennemis du pays y sont installés à demeure !

J'en arrive à me demander si un ministre civil ne sera pas un meilleur ministre de la guerre que tous ces militaires routiniers, tous fondus dans le même moule, tous imbus d'idées fausses, celui-ci sur un point, celui-là sur un autre.

Un civil seul, s'il est un homme de valeur, pourra porter le coup de hache et supprimer par un décret toutes les bureaucraties de la centralisation, pour donner à chacun des chefs de corps toute liberté et toute initiative, soit en temps de paix, soit en campagne.

N'est-il pas souverainement ridicule qu'un général qui fait campagne en Afrique soit obligé de tolérer à côté de lui un service d'intendance qui est centralisé à Paris, qui se moque de ses ordres et qui prétend n'en recevoir que du ministre?

Est-ce que le général ne devrait pas avoir un ou deux employés sous ses ordres à qui il dirait: — J'entre en campagne dans huit jours. Vous avez un crédit de tant. Fournissez-moi le nécessaire. Vous me rendrez des comptes chaque semaine.

Au moins ce général serait le maître et de son corps d'expédition, et de sa nourriture, et de son logement, et de son entretien, et de son service sanitaire. Il ferait acheter de la quinine et des draps, pour quelques centaines de francs, et en deux heures on aurait ce que l'intendance met quinze jours à fournir.

J'attends avec curiosité l'homme intelligent civil ou militaire qui brisera la bureaucratie, que les désastres de 1870 n'ont pas eu le pouvoir (ce n'est pas peu dire) de réduire en miettes !

CHAPITRE XXII.

Curiosités classiques. — Ce que tout le monde va voir. — Le Bardo. — Carthage. — Sidi-Bou-Saïd. — La Marsa. — Dar-el-Bey. — Audiences du Bey. — Vie privée du Bey. — Costumes musulmans. — Eunuques et surveillants. — Anecdotes sur le traité.

Je viens de faire la promenade obligatoire de tout Européen qui se respecte. Elle comprend la visite classique au Bardo, à Carthage, à Sidi-bou-Saïd, à la chapelle de Saint-Louis, et à la Marsa. Cela se fait en voiture, dans les espèces de carosses éreintés dont j'ai déjà eu plusieurs fois l'occasion de parler.

Il faut aller, ne fût-ce qu'une fois, au Bardo, à Carthage, à Sidi-bou-Saïd et à la Marsa. C'est le périple obligé de tout voyageur logé dans les hôtels. Autrefois, — il n'y a pas encore bien longtemps, — c'était tout ce qu'on trouvait à visiter aux environs de Tunis. Le champ des investigations s'est agrandi depuis l'expédition. Maintenant, on va faire des promenades en chemin de fer dans toutes les petites villes occupées par les troupes françaises, et bientôt le cercle de ces excursions s'étendra jusqu'à la mer, du côté de Sousse, par Hammam-Linf et Hammamet.

Le Bardo n'a rien de curieux, et je préfère à toutes ces visites banales les promenades à la découverte des gens et des mœurs, dans les ruelles tunisiennes, aux cafés maures, ou dans les bazars. Mais je passerais pour un hérétique si je ne décrivais pas le Bardo. La description sera brève. Qu'on se figure un fouillis de maisons au milieu duquel se trouve le palais, avec ses créneaux arrondis, à la manière arabe, et ses fossés. C'est une petite ville, que cet amas de baraques arabes. Elle est habitée par des boutiquiers qui ne vendent rien, des fonctionnaires qui ne font rien, et des prisonniers qui ne mangent rien.

Pour arriver au palais du Bey, on doit traverser le palais du premier ministre, puis la cour des Lions, d'une belle décoration mauresque. On arrive alors dans les appartements du Bey, où les mobiliers baroques achetés à l'hôtel des Ventes sont mêlés aux tapisseries des Gobelins et aux tapis de Perse. Cela n'offre aucun intérêt.

Le harem, avec ses femmes et ses eunuques, est absolument invisible, naturellement. Il ne reste à parcourir que les appartements d'un tas de fonctionnaires, de colonels, grugeurs et pique-assiettes, qui sont les maîtres au Bardo, bien plus que le Bey, et qui reçoivent quarante sous du visiteur avec le plus gracieux sourire, ainsi que je l'ai dit au commencement de ce livre.

On se rend au Bardo par le chemin de fer ou en voiture. La compagnie Rubattino, d'une part, a cessé de faire marcher ses trains depuis quelque temps, faute de visiteurs. D'autre part, les voitures et leurs aimables cochers, tout débraillés, tout sales et tout puants, ne sont pas plus que le voyageur qu'elles trimballent, en sûreté aujourd'hui sur la route du Bardo.

Le mot route est d'ailleurs excessif. On est cahoté pour gagner le Bardo (environ 5 kilomètres), dans d'affreuses ravines, sur de hideuses mottes de terre poussiéreuses et caillouteuses, qui portent le nom propre de routes beylicales.

Ce qu'il y a de plus comique, c'est que des Européens, élèves des écoles de France pour la plupart, occupent les postes d'ingénieurs du Bey, sont largement rétribués, et sont censés entretenir les routes de la Régence. Je ne sais pas ce qu'ils font avec leurs appointements, qui vont dans les 20,000 francs par an, me dit-on, mais à coup sûr, ce ne sont pas les routes.

Car la route de Tunis à la Goulette vaut la route de Tunis au Bardo.

On cahote, on bute, on casse les ressorts et on se casse les côtes, ce qui est pis. Tout cela paraît très naturel.

La route se confond avec les champs. Quand un cocher se trouve gêné par les flaques d'eau, produit des infiltrations du lac, ou des pluies de l'hiver, il passe à travers champs, et le voyageur ne se doute pas un instant du changement de direction qu'on lui imprime, absorbé qu'il est dans la défense instinctive de son individu contre une catastrophe sans cesse imminente.

Du Bardo, on peut se rendre, — toujours par ces chemins enchanteurs, censés entretenus par la fleur de l'Ecole polytechnique, — à Carthage, à Saint-Louis et à Sidi-bou-Saïd, les trois « points à voir » pour le touriste correct, qui ne veut pas rentrer en Europe sans avoir vu les « points à voir ».

Il est certain, après tout, que je ne pardonnerais à personne d'être allé à Tunis sans avoir vu Carthage.

Sidi-bou-Saïd est un village arabe, tout blanc, avec toute sa viguour et son autonomie entière. Il n'y demeure pas un seul Européen. Le village est sans importance. Il n'appelle qu'un souvenir historique, car entre Sidi-bou-Saïd et la mer, sur un tas de petits mamelons qui s'abaissent jusqu'à l'eau, se trouvait jadis Carthage.

Ici le visiteur est prié de prendre un air de circonstance. Le drogman de l'hôtel, qui sait vaguement l'histoire ancienne, jauge les badauds qu'il promène, à la façon dont ils s'arrêtent en face de la mer pour regarder les ruines (il ne reste rien, que les citernes romaines) de la cité punique.

J'engagerai les promeneurs à ne rien dire au drogman, et à fumer négligemment tout en pensant à autre chose. Sans quoi, c'est fini; il remonte au siège de Troie et vous raconte l'histoire d'Anchise, d'Enée et de Didon, ce qui manque de charme, surtout dans le charabia de ce Maure pratique mais incomplètement instruit des choses de jadis.

Ah ! si l'on pouvait s'asseoir là, sur une pierre de l'époque, — il y a encore quelques fûts de colonnes, avec un orientaliste comme Renan, un anthropologiste comme feu Littré, un archéologue comme feu Flaubert, ou un universaliste comme Victor Hugo, on souhaiterait d'y passer des jours et des nuits sans boire, ni manger, ni dormir.

Le voyage dans la vieille Carthage, ressuscitée par les savants, embellie par leur imagination je le veux bien, mais un tantinet représentée sous son véritable aspect antique serait admirable. Malheureusement il faut s'en tenir aux souvenirs historiques qui vous sont propres. Ils arrivent en foule, c'est vrai, mais confus, sans dates, sans précision, sans cohésion. Ce sont des bribes informes. Alors on s'impatiente, on sourit de la petitesse de l'homme, et on s'en va visiter les citernes pour se mettre à l'ombre.

Je recommanderai cependant aux jeunes gens qui vont aller faire maintenant par milliers, ce voyage de la Tunisie et qui visiteront Carthage, les clichés suivants, qui font très bien dans la conversation. Négligemment jetés aux personnes qui vous entourent et qui viennent visiter cela par fournées, comme les Anglais dans les souterrains du Panthéon ou dans la cave de Heidelberg, ils passent avec bonheur.

A propos d'une butte qui pourrait être le tombeau d'Hamilcar :

Sta viator, heroem calcas.

Sur une autre butte, qui pourrait être la sépulture d'Hannibal :

Expende Annibalem, quot libras in duce summo Invenies ?...

Ou bien encore, devant les deux ou trois arcades qui restent debout :

Campos ubi Troja fuit !

Ce qui se dit pour Troie peut bien se dire pour Carthage.

Ou bien encore :

Delenda est Carthago!

Avec ces trois ou quatre citations bien placées, soit au moment de la descente aux citernes, soit, au retour chez M. Bertrand, entre le poulet kroumir et le raisin du pays, en pleine table d'hôte un homme est sûr d'être tout à fait ridiculisé.

Il en existe cependant, et j'en connais, qui donnent à leurs semblables ce lamentable spectacle.

Il y a sur l'emplacement de Carthage deux ou trois petits groupes d'habitations ambitieusement dénommés hameaux. Au cap Carthage, qui abritait l'ancien port, les Beys ont construit un fortin ridicule, qui s'appelle comme tous les forts de la Tunisie Bordj-Djedid, c'est-à-dire le Château-Neuf.

Les citernes sont au nombre de dix-huit. Elles sont vastes et on peut aller de l'une à l'autre grâce à de petits tunnels dans lesquels il fait très frais, et où nos officiers se sont logés récemment, pendant que deux bataillons formaient le camp qui occupe aujourd'hui l'emplacement de l'ancienne ville carthaginoise.

Il paraît qu'il y a quelque trente ans on pouvait encore voir les traces d'un amphithéâtre, d'un cirque, de thermes, et une jetée. Tout cela s'est évanoui, tout cela disparaît dans la poche des Anglais. On sait que la passion du vol est parfaitement excusée en Angleterre. Un Anglais touriste, un de ces *globe-trotters* accoutré comme les bonshommes en cire qui sont à la porte des magasins de nouveautés, à Paris, se présentait fort bien à Carthage pour emporter dans sa voiture une statue ou un fût de colonne. Ils ont ainsi dépouillé toute l'ancienne ville romaine, qui évidemment valait encore quelque chose il y a un demi-siècle.

Il faut dire aussi que les Arabes ont construit les plus belles mosquées de Tunis avec des pierres et des marbres pris à Carthage. La cathédrale de Pise a été construite aussi avec des marbres pris à Carthage. Enfin, les Génois et les Espagnols ont également pillé la vieille ville pour construire chez eux de nouveaux monuments avec les matériaux anciens.

Les Anglais n'ont donc pas eu de peine à trouver de quoi emplir leurs poches. Les petits morceaux leur suffisent, et il restait encore assez de fûts de colonnes il y a trente ans, pour que chaque famille de la Grande-Bretagne en possède aujourd'hui un fragment.

Du reste, les Arabes des trois hameaux, s'ils n'ont pas eu l'idée de faire un musée, comme à Waterloo et à Bazeilles, savent parfaitement vendre, aujourd'hui qu'il n'y a plus rien à prendre, aux touristes qui passent de fausses stèles et de faux bas-reliefs. Il est vraiment fâcheux que ces ruines de la civilisation carthaginoise soient enfouies dans les entrailles de ce sol barbare. Espérons que le protectorat français fera modifier cet état de choses. Bien qu'on ait dit que toute la ville de Carthage a été exhumée par dix mille archéologues, dont le grand Beulé, et qu'il n'en reste rien, je crois qu'en fouillant profondément on arriverait aux ruines carthaginoises. Car si je ne me trompe, tout ce qui a été mis à découvert est romain, c'est-à-dire plus près du sol que les constructions de la première ville.

L'aqueduc célèbre qui amenait les eaux à Carthage du temps des Romains est encore visible sur une grande étendue de terrain. Il se dirige vers la Manouba et fait très bien dans le fond du tableau. Il conduisait à la ville l'eau des sources de Djougar.

Non loin de Carthage, se trouve la petite chapelle de Saint-Louis.

C'est là que le roi de France mourut, allant en Palestine. Le gouvernement du Bey concéda ce terrain à Louis-Philippe, et la chapelle fut élevée en 1831. L'ensemble de ce monument commémoratif est assez heureux : c'est un mélange de gothique et de style mauresque. La chapelle est élevée sur une plate-forme ronde. Elle renferme la statue de saint Louis par Seurre, statue qui fut portée là par un bataillon de soldats du Bey, à l'époque de la création de la chapelle. Il paraît que les Musulmans croient que saint Louis, avant de mourir sur le rivage barbaresque, s'était converti à l'islamisme.

A côté de la chapelle se trouve le couvent des Pères de Carthage, établissement des missions chrétiennes, conçu d'après de larges vues, et tout à fait hospitalier aux voyageurs. Les Pères sont presque tous des jeunes gens. Ils portent une sorte de gandoura en flanelle blanche, robe tout à fait semblable à la tunique du Christ et des premiers apôtres. Sur leur tête on voit le fez s'épanouir, ce fez qui est le signe distinctif des croyants de l'Islam. Les musulmans ne leur en veulent nullement de cette usurpation, qu'ils admettent maintenant chez tous les étrangers. Ils aiment beaucoup les Pères de Carthage, dont l'esprit de tolérance est des plus larges et l'aménité toujours frappante pour les moricauds qui ont parfois affaire à eux.

Aujourd'hui un collége français est annexé au couvent de Carthage. On y enseigne les langues et les sciences élémentaires. On y reçoit des musulmans, des juifs et des chrétiens, sans distinction de religion. La parfaite urbanité des Pères, et la grande libéralité de l'enseignement font que le visiteur ne se douterait pas de ces différences. La religion de chacun de ces enfants est respectée. Les Pères ne voient que la culture de l'esprit dans l'enseignement, et c'est là que leur mission est véritablement digne d'intérêt et d'encouragement.

En redescendant la colline, vers l'ouest, on trouve la petite ville de la Marsa, où le chemin de fer Rubattino possède un embranchement minuscule. La Marsa est la résidence d'été des consuls. Le consul d'Angleterre et le consul de France ont tous deux des maisons de campagne à la Marsa. C'est là qu'ils se retirent au plus fort des chaleurs. Le prédécesseur du Bey actuel, Mohammed dit le Magnifique, a donné comme résidence au gouvernement français, en échange des services de chaque jour, le palais de Hussein, un autre Bey défunt, palais appelé la Camilla.

En rentrant à Tunis pour grimper au sommet de la colline, au Dar-el-Bey et au Belvédère, le touriste correct admirera — je ne l'y force pas, mais il est convenu qu'il doit admirer — la porte à colonnettes qui donne accès dans Tunis, porte mauresque à triple voûte. Son cocher arrêtera certainement les rosses qui le traîneront, devant un abreuvoir que lesdites rosses refusent de dépasser tant qu'elles n'ont pas bu, — et c'est bien leur droit. Le touriste correct verra sur la droite le cimetière musulman, avec ses petites pierres plantées en terre et terminées par une espèce de poignée ronde. Dans ce cimetière, repose, assurent les gens érudits — et je n'y contredirai point, — Aben-Ahmed, l'amant poétique de Blanche de Bivar, en un mot le dernier des Abencérages.

Excusez du peu !

Le touriste correct donnera un souvenir à Chateaubriand, qui repose bien loin delà sur le rocher de Saint-Malo, entouré d'une petite grille de fer, et qui fut le chantre de cet Abencérage. Il se gardera d'entrer dans le cimetière, parce que tout l'islàm du quartier, qui est très sale entre parenthèses, lui tomberait sur le corps et l'étranglerait net.

Il arrivera ensuite, par détours et quelques aspérités cahotantes, au palais de Dar-el-Bey, où le Bey ne réside pas, mais où il vient pendant le Rhamadan se montrer à la fenêtre, comme je l'ai dépeint au cours de ces notes.

Dar-el-Bey est un beau palais, mais il ressemble à tous les palais de l'Orient, style mauresque, colonnettes, plafonds polychromes, dessins et arabesques, pavage en mosaïques et dallage idem, marbres et dorures extravagantes, orgie de rouge et de bleu, réminiscences de l'Alhambra, de l'Escurial et — disent les loustics — de la salle du restaurant Peter's, au passage de Princes.

Moi, quand j'ai vu deux palais tunisiens, je me refuse à en voir un troisième. J'ai déjà vu le Bardo et Dar-el-Bey; j'en reste là. D'autant que le mobilier rococo dont ces magnifiques demeures sont ornées rendrait fou le plus calme des amateurs de couleur locale. La vie intérieure de ces palais est plus singulière que leur ornementation,

C'est au Bardo l'hiver, et à la Goulette l'été, que le Bey rend la justice. Ce tableau m'a plus d'une fois déridé. J'ai dit, je crois, qu'il fallait des circonstances spéciales pour qu'on pût rire à Tunis.

A la Goulette, le Bey est assis sur un coussin, dans une salle assez vaste, où tout le monde peut entrer. On amène devant lui le prévenu, s'il y a crime, et les deux adversaires se présentent, s'il y a simplement litige. Le Bey écoute les jérémiades ou les objurgations des délinquants, et sans consulter personne, il fronce le sourcil, cherche dans sa cervelle quelque trait étrange. Puis il prononce son arrêt. C'est toujours un lot de coups de bâton. Quand il y a crime, le Bey lève la main en l'air et fait signe de trancher une tête. Deux heures après le coupable est pendu. Jamais justice n'a été aussi expéditive que celle de cet excellent Bey.

Le gouverneur de Tunis tient aussi des audiences, et rend des arrêts pour les toutes petites affaires.

La vie privée de cet excellent Bey n'est pas impénétrable. Tout le monde sait à Tunis quelles sont ses passions les plus accentuées, et l'amour passionné qu'il eut pour Mustapha fut la cause de l'élévation aux honneurs de ce jeune musulman. Mustapha était un petit pâtissier, le Bey l'aima, et il fut ministre. Ici, on trouve cela tout naturel et personne ne s'en plaint. Chez nous c'est autre chose, et le cordon de grand'croix de la Légion d'honneur passé au cou de Mustapha cette année, nous paraît, à nous autres Français, ce qu'on appelle sur le boulevard un comble.

Le Bey a toujours eu des femmes dans son harem. Mais il ne jette, assure-t-on, le mouchoir à aucune de ces dames, qui vivent loin du bruit et de la vue des hommes, au Bardo ou à la Goulette. Il y a autour de ce personnel féminin une garde entière d'unuques et de surveillants noirs, tout à fait comme en Turquie et dans les opéras comiques.

Le rôle de ces défenseurs de la vertu des dames ne doit pas être très actif, car Mohamed-el-Sadock n'a jamais eu qu'une véritable épouse, femme très respectée et de fort bon conseil, assure-t-on. Mustapha est la consolation de sa vie. Evidemment la passion primitive du Bey pour ce petit garçon s'est modifiée et devient aujourd'hui l'affection, l'amitié ardente d'un bon vieux pour un enfant qu'il a élevé. Si on enlève Mustapha au Bey, il pleurera beaucoup. Peut-être ne donnera-t-il pas immédiatement sa démission de Bey régnant, mais évidemment cette séparation sera la plus grande douleur de sa vie. Elle le torturera en dedans; il s'affaissera petit à petit et deviendra gâteux, s'il ne meurt pas dans les deux ou trois années qui suivront ce départ. Lorsque Mustapha s'en fut en France, apelé pour y faire ce voyage ridicule, à la suite duquel on parle déjà de le disgracier, — ce qui sera le comble de l'inconséquence, — le Bey le conduisit en canot jusqu'au navire qui l'attendait en rade. Or jamais le Bey ne va sur la mer : il en a peur. Cette peur de la mer chez le souverain d'un État barbaresque, autrefois pillard et pirate sans vergogne, est assez singulière. Elle se traduit par le dédain de la flotte. La marine tunisienne, qui compte deux amiraux, compte aussi deux navires, le *Mohammed* et le *Béchir*, deux vieux vapeurs hors d'usage.

Les Européens virent ces jours-ci — c'était il y a six semaines — combien le Bey tenait à Mustapha. Il l'embrassait, et ses yeux s'emplissaient de larmes, comme ceux du roi de Thulé quand il perdit la coupe où chaque jour il trempait ses lèvres.

Lors de la signature du traité de Kassar-Saïd, le Bey dit que si on lui enlevait Mustapha, dont l'impopularité était aussi notoire que la trahison, il s'en irait vivre à Smyrne, ou à Damas, comme Abd-el-Kader. Il supplia qu'on lui laissât Mustapha, et c'est en lui promettant, je crois, Mustapha qu'on obtint son adhésion.

J'ai dit que je raconterais la signature de ce traité. Voici ce que j'ai appris. Il n'y a qu'un trait, mais il est si curieux qu'on ne saurait le passer sous silence.

Lorsque le général Bréart, ayant à côté de lui M. Roustan, se trouva en face du Bey dans la salle du palais où les dignitaires tunisiens avaient accompagné leur maître, à la rencontre de l'Etat-Major français, le général tira de sa poche un petit papier sur lequel il avait écrit quelques paroles bien senties, et lut ces paroles au Bey. Il fallait en finir vite; le gouvernement était pressé, comme on l'a su depuis, et le général Bréart, homme toujours pressé lui-même, sec, — froid mais actif — était de tous les généraux français celui qui pût être, par ses aptitudes, prédestiné à cette singulière mission. On l'eût choisi exprès entre mille généraux qu'on n'eût pas mieux fait.

« Le gouvernement de la République fran-
« çaise, dit à peu près le général, désirant ter-
« miner les difficultés pendantes par un arran-
« gement amiable qui sauvegarde pleinement la
« dignité de Votre Altesse, m'a fait l'honneur de
« me désigner pour cette mission.

« Le gouvernement de la République fran-

« çaise désire le maintien de Votre Altesse sur « le trône et celui de votre dynastie. Il n'a « aucun intérêt à porter atteinte à l'intégrité du « territoire de la Régence. Il réclame seulement « des garanties jugées indispensables pour main- « tenir les bonnes relations entre les deux « gouvernements. »

Le Bey écoutait, terrifié, cette entrée en matière, qui allait être suivie du traité, du fameux traité de protectorat, résumé en dix articles. Mais, avec la rouerie des musulmans, il releva la tète aux dernières paroles, et fixa le plénipotentiaire, en espérant sans doute l'intimider un peu.

Or, le général Bréart est affligé d'un tic. Toutes les deux minutes sa figure se contracte violemment ; ses sourcils se plissent et il rejette la tête en arrière comme un homme qui voudrait menacer son interlocuteur.

Au premier regard du Bey, le tic du général entra justement en scène. Ce fut l'effondrement du pauvre Bey. Il crut que l'officier français allait lui sauter à la gorge, et il baissa les yeux.

Le général demanda au Bey s'il voulait entendre lecture des propositions de la France. Le Bey releva les yeux. Par un malencontreux hasard, il vit de nouveau le général *ticquer*. Avec une humilité mêlée de crainte, il répondit qu'il entendrait ces propositions, puisqu'il ne pouvait faire autrement.

Le général donna lecture des dix articles résumant le traité.

Pendant cette lecture, le Bey restait immobile, les yeux fixés à terre. Cependant il essayait de regarder le terrible général. Or, chaque fois qu'il levait les paupières, le tic du général Bréart coïncidait avec cet effort. Et le Bey, démoralisé, pâlissait chaque fois davantage.

Après lecture faite, comme disent les officiers ministériels, le Bey demanda à réfléchir.

Le tic du général venait de passer : Mohammed-el-Sadock put le regarder en face et reprendre de l'assurance.

Il était quatre heures du soir.

— Je vous donne jusqu'à huit heures, dit le général.

— Demain matin? interrogea le Bey déjà raffermi.

Le tic arrivait à ce moment.

— Jusqu'à huit heures, ce soir! dit le général dans une convulsion qui terrifia le Bey.

— C'est bien! murmura le malheureux souverain en baissant la tête.

On sait le reste.

A sept heures du soir, le Bey signa le traité. Est-ce en partie au malheureux tic du général Bréart qu'on doit la promptitude relative de cette décision?

Peut-être. A quoi tiennent les destinées!

CHAPITRE XXIII

Dix jours sur le *Dragut*. — Les Français sur la côte tunisienne. — La vie à outrance. — Déjeuner à bord, dîner à bord, coucher à bord. — Monotonie. — Réquisitions insensées. — Les soldats sur le pont. — Nuit merveilleuse. — Arrivée à Sousse.

Je suis parti de Tunis hier par le paquebot le *Dragut*, pour explorer la côte Est de la Tunisie, où se trouvent ces villes inconnues, merveilles de couleur et de richesse locales : Sousse, Monastir, Mehdia, Sfax, qui brûle sous le canon de l'escadre à cette heure ; Gabès et Djerba. Le paquebot allant jusqu'à Tripoli et faisant escale dans tous ces ports, j'irai avec le paquebot dans tous ces ports et à Tripoli.

Pour ce faire, il faut rester dix jours à bord du *Dragut*, et la nuit que je viens d'y passer me donne une idée suffisante des souffrances physiques de toute sorte qui m'y sont réservées.

Mais qu'est-ce que la soif, la chaleur, la sueur à grosses gouttes, les aliments infects, la cuisine immonde, quand le devoir, l'héroïque devoir est là qui montre le chemin à suivre, le cercle à parcourir, les lieux à explorer? J'ajouterai que dans ce voyage de curieux intéressé, je suis soutenu aussi par le désir de voir, de contrôler, d'apprendre. Aussi vais-je grommeler chaque jour contre le *Dragut*, et n'aurai-je plus tard que le plus charmant souvenir de ce sabot transatlantique.

Il faut bien le dire, la Compagnie transatlantique a aussi des sabots, ou bateaux de fortune qu'elle met en service sur les lignes ordinairement peu fréquentées. Or, celle de la côte barbaresque est précisément très fréquentée. Elle demandait un grand navire de 1,500 tonneaux. On lui a dévolu le *Dragut*, qui en jauge 500 à peine, qui est étroit, mal fichu, mal bâti, tout malade de ses longs services, et qui n'a d'excellent que son capitaine, le bon M. Gazengel, et le lieutenant, M. Lefrançois. J'ai déjà fait ample connaissance depuis vingt-quatre heures avec nos deux officiers.

Les Français sont en ce moment sur la côte tunisienne, et je crois que peu de gens ont visité ces parages, naguère encore les domaines attitrés de la piraterie barbaresque.

Nous sommes mal *arrimés*, comme on dit en mer, sur ce pauvre *Dragut*. L'intendance, la suave intendance, à qui les ordres venus de Paris enjoignent d'envoyer des renforts à Sfax, et de la nourriture, a trouvé tout simple de réquisitionner le malheureux *Dragut* pour le transport de 500 soldats d'infanterie, 1 cheval et je ne sais combien de moutons, de poulets, de veaux étiques. C'est au moment où le *Dragut* allait effectuer son départ régulier, avec ses trente ou quarante passagers ordinaires, que ce surcroît fantastique lui est expédié. Le commandement lui donne les soldats à l'heure voulue; mais l'intendance le fait attendre pour les moutons, les poulets et les petits veaux étiques, de sorte que nous partons avec trois heures de retard; il fait déjà nuit.

Sur le pont de l'arrière, réservé aux passagers des premières classes, il y a 150 soldats couchés pêle-mêle. Autant à l'avant, et le reste dans les cabines, sur les tentes, dans les canots de sauvetage suspendus à l'air frais du soir. Pour pénétrer dans leurs cabines, les passagers et les officiers des détachements qui sont à bord sont obligés de faire des prodiges d'équilibre. Lorsque le capitaine, ayant pitié de notre misère — payée rubis sur l'ongle à l'agence de Tunis, d'ailleurs — invite les passagers de première classe à gagner la passerelle de commandement et à s'y tenir tout le temps du voyage, pour avoir moins chaud et respirer un peu plus à l'aise, il semble que nous marchions sur des œufs. Dans la nuit, ce sera bien pis. Les soldats, exténués par la chaleur du jour, se sont étendus dans leurs capotes et forment sur toute la longueur du navire un chaos d'hommes dormant pêle-mêle, entre les côtes desquels il faudra poser le pied soigneusement pour regagner nos cabines de l'arrière, ou même la salle à manger du *Dragut*, pour le triste repas du soir.

Ce Dragut, qui a donné son nom au navire qui porte notre fortune, — et qui ne coule pas, grâce au beau temps, car un peu de mer désagrègerait cet arrimage humain, exagéré, dangereux, absurde, — ce Dragut était un pirate maltais qui terrorisa la Méditerranée. Il débarquait à terre, capturait les bâtiments chrétiens, enlevait femmes et filles, faisait en un mot tout ce qui concernait son état dangereux de pirate barbaresque.

Heureux Dragut ! il ne mangeait pas au moins l'horrible cuisine qu'on fait à bord de l'esquif qui porte son nom redouté, en l'an de grâce 1881 ! Ah ! l'ignominieuse cochonnerie ! Qu'on me passe le mot; il m'en souviendra longtemps.

Le chef du bord est de Marseille, dit-il, et je crois qu'il s'amuse à jouer avec l'estomac de ses passagers, histoire de rire un peu. Ce que mangent les soldats est ignoble, mais ce que nous mangeons est ignoble aussi. Ce sont des cervelles pourries, du poulet canaille, du mouton arabe, d'affreuses volailles au goût particulier qu'on nourrit à bord et que le chef tue pour les besoins du menu journalier. Sur dix passagers, nous sommes déjà trois qui ne mangeons plus que du bout des lèvres, et que trois choses sustentent provisoirement, en attendant les coliques qu'elles engendrent par cette température de fournaise : le vin, qui est celui des grands bateaux de la

Compagnie (heureusement), le pain qui est fait à Tunis (pourvu que nous en ayons assez) et les fruits, raisins, figues, pêches, abricots verts, dont on devrait s'abstenir, mais sur lesquels on se jette pour apaiser l'estomac.

La salle à manger dans laquelle nous absorbons ces choses est à fond de cale, comme dans tous les vieux bateaux. Les hublots sont tous ouverts pour établir un courant d'air, mais c'est peine perdue. Il fait à huit heures du soir 39 degrés au dehors et 48 dans la salle à manger.

Nous sommes tous congestionnés, rubiconds, écarlates. Les gouttes de sueur coulent le long des joues et se mêlent aux aliments. C'est un supplice véritablement atroce que celui de la chaleur impitoyable, comme celle qui règne dans ce pays depuis deux mois.

Si de la salle à manger nous passons dans les cabines, la torture devient effroyable. Ces boîtes étroites, où il y a deux et trois lits superposés et où le climat étouffant exigerait qu'on ne logeât qu'un voyageur, sont toutes occupées, bondées. On est empilé dans chacune d'elles, par 50 degrés de chaleur. On a beau s'étendre sans vêtements sur la couchette, après l'avoir préalablement noyée d'eau froide ou soit-disant telle, la chaleur est malfaisante, terrible. Elle donne des idées noires, ce que je n'eusse jamais cru, et j'ai vu des gens se lever cette nuit, monter tout nus sur le pont, passer sur le ventre des soldats, gagner la passerelle de l'officier de quart et là, tout en sueur, s'offrir en victimes résolues de la péritonite, au courant d'air assez vif que produit la marche du navire. Quand j'ai regardé hier soir, avec un serrement de cœur, je dois le dire, l'horrible couchette sur laquelle j'allais cuire comme autrefois saint Laurent, l'allumette que je tenais à la main éclaira un odieux spectacle :

Sur le drap, sur l'oreiller, le long du mur, partout, des bêtes noires, hideuses, grosses comme des escarbots, marchaient vite et se croisaient en tous sens. Je crus à un accident au voisinage de l'office. J'appelai le maître d'hôtel, un homme fort correct, nommé M. Robert.

— Monsieur Robert, voyez ceci.

— Quoi, Monsieur?

— Ces bêtes, ces bêtes horribles.

— Ça?

— Oui, ça.

—Eh bien ? Ce sont des cancrelats, des cafards. Ça ne fait pas de mal.

— Eh bien! c'est le voisinage de vos fruits, de votre office qui les attire ; donnez-moi une autre cabine. Je ne coucherai jamais sur ces saletés. Je les écraserais, elles me marcheraient sur la figure. Voyez donc, il y en a dix, quinze, seize, dix-huit. En voilà dix-huit qui sont visibles en ce moment. Allons, Monsieur Robert, donnez-moi un matelas sous l'escalier, dans la salle à manger, n'importe où, s'il n'y a plus de cabines, mais je ne veux pas rester ici une minute de plus.

M. Robert souriait comme un diplomate qui va stupéfier son homme ; il me dit :

— Je veux bien vous faire voir une autre cabine. Venez.

Nous étions au n° 4. Nous passons au n° 6. M. Robert approche une lampe des trois couchettes que contient cette cabine. Je recule épouvanté. Des centaines de cancrelats épais, noirs, sinistres, galopaient sur les draps des voyageurs, qui prenaient le frais sur la passerelle.

— Vous comprenez, monsieur? interrogea M. Robert. Que vous soyez couché ou que vous ne soyez pas couché, les cancrelats se promèneront comme ça en Tunisie, dans les bateaux, autant que le monde durera. Il y en a peut-être deux mille à bord. Mais on n'y pense pas. Tenez, quand vous vous coucherez, à dix ou onze heures, mettez-vous au lit dans l'obscurité, vous ne les verrez pas. De cette façon, vous y penserez moins.

J'ai essayé de suivre le conseil de M. Robert, mais sans parvenir à dominer ma répugnance. J'ai passé la nuit sur la passerelle, à l'air, causant avec les matelots de quart, et je me suis endormi au petit jour, sur un pliant. Mais cette situation ne saurait durer dix jours et dix nuits. Demain, je le sens, ce soir, peut-être, je serai rompu de fatigue et je me coucherai au milieu des cancrelats, comme les autres. Pouah !

Si la situation des passagers de première classe qui, je l'ai déjà dit, paient très cher le privilège d'être empoisonnés, couverts de vermine et dépossédés de leur emplacement par les réquisitionnaires, est lamentable à bord du *Dragut*, celle des soldats n'est pas plus heureuse.

Empilés comme des harengs en caque, sur le pont, dans les canots, sur les trappes de la cale, à l'avant, mêlés aux passsagers arabes qui puent et qui nettoient leurs pieds à l'heure de la prière, les jeunes troupiers, qui arrivent tous d'Angers et de Paris, sont immobilisés par le manque de place. Il se dégage de cette promiscuité une odeur fétide, qui n'a d'égale que celle de la ratatouille confectionnée par le chef du bord à l'intention des 500 militaires.

Heureusement que ces guerriers, inexpérimentés encore et tout frais émoulus de la caserne, n'en ont que pour quarante-huit heures. Demain nous serons en rade de Sfax. Aujourd'hui nous venons d'arriver à Sousse, première escale de notre voyage, après dix-huit heures de navigation. J'écris ces notes dans l'habitation d'un Français établi à Sousse, à l'heure fatale de midi. Au dehors, le soleil écrase bêtes et gens sous une poussée de rayons infernale. Les chameaux gémissent et tendent le cou pour chercher de l'eau ou de l'air. Tout dort.

Ma foi, je ne dors guère! dirai-je comme le juge Dandin. Je suis encore frappé de la beauté des nuits, dans cette saison et par ces latitudes. La nuit dernière a été pour moi un enchantement, et je dois, en somme, bénir les cancrelats de M. Robert, qui m'ont empêché de dormir tout niaisement dans un lit, — si le mot peut s'appliquer aux boîtes à sardines du *Dragut*.

Jusqu'à dix heures du soir, les soldats ont chanté. Placé sur la passerelle avec leurs officiers, je les voyais à l'avant et à l'arrière du navire, groupés sans art et pourtant avec une originalité qui plaisait. Ils finissaient le repas du soir. La mer était lisse comme un miroir et bleue comme le ciel, tellement bleue et tellement lisse que les grosses étoiles brillantes du firmament africain se réflétaient dans la profondeur de l'eau, ridée à peine par le sillage silencieux du navire. La lune montait dans le ciel et illuminait toute la mer, colorant d'une teinte bleuâtre les rivages tunisiens que nous longions à quelques milles de distance.

On n'entendait rien, « sur l'onde et sous les cieux », absolument rien, que le ron-ron sourd de l'hélice, berceuse mécanique, précise, aussi endormante que le genou de la nourrice, et un murmure vague de conversation à demi-voix, les colloques éternels des caporaux avec les soldats, les questions, les réponses, les quolibets, les blagues.

Quelques lignards jouaient aux cartes, à la clarté de la lune. D'autres aux osselets, assis en Turcs, sur l'avant.

D'autres, penchés sur les bastingages, fumaient en regardant le navire glisser sur l'eau et les poissons sauter. Ceux-ci rêvaient à la lune et à leurs payses ; ceux-là causaient à voix basse de leur pays et des vieux parents à qui ils n'avaient pas eu le temps d'envoyer un mot pour les prévenir de leur embarquement. Couchés sur le box, ou le cheval, l'unique cheval du bord était enfermé, un groupe pittoresque de *lascars* parisiens causait de tout et discutait tout. J'ai vu là dedans une tendance à l'indiscipline, car le soldat ne doit jamais discuter devant ses chefs, et les chefs étaient là. Ils étaient censés ne rien entendre, mais ils entendaient. Ceux qui s'étaient étendus sur les tentes-abris du bateau étaien plus haut perchés que tous, et le moindre coup de vent eût pu les balayer. Tout le monde se tenait, cependant, de crainte d'accident, et l'ordre régnait à bord. Pantalons rouges et capotes bleues, sacs blancs, couchés à terre et gamelles auprès des sacs, tout cet attirail militaire, planté sur ce bateau qui coulait presque sous le chargement, appelait un Detaille ou un de Neuville. Je regrettais plus que jamais de n'être ni dessinateur, ni peintre, — ni peintre surtout, car il y avait dans ce fouillis de la couleur à profusion.

Un colloque un peu plus animé s'établit à l'arrière, près du treuil à vapeur. Il y avait là deux ou trois sergents qui paraissaient posséder l'oreille de leurs subordonnés, car les explications qu'ils fournissaient sur le pays tunisien, avaient captivé l'attention d'une quarantaine d'auditeurs.

Un murmure flatteur parvint jusqu'à la passerelle. Nous regardâmes attentivement.

Un cercle de soldats se forma, épais, tassé, autour des sous-officiers. Deux d'entre eux s'assirent à la turque, et aussitôt les deux compagnies qui formaient le cercle en firent autant.

Nous vîmes alors le troisième sous-officier, qui n'était qu'un caporal-fourrier, tousser, cracher, prendre un *la* en regardant les étoiles. Puis, d'une voix assez fraîche de ténor, mais avec cette emphase particulière aux diseurs populaires, il entama la romance si connue de Wilhelm Meister dans *Mignon*.

Elle ne savait pas, dans sa candeur naïve...

Le peuple, et surtout le militaire, affectionne ces romances sentimentales. Elles correspondent évidemment, chez le soldat, à une préoccupation qui ne cesse qu'avec le retour au pays. Encore que le rythme indiqué par le compositeur soit langoureux, le chanteur en accentue toujours la lenteur calculée. Il se complaît dans les ralentissements, dans les notes plaintives, dans les *pianissimo* mystérieux.

Aussi les troupiers étaient-ils tout oreilles, quand après la phrase première, vint le verset :

Pour rendre à la fleur épuisée
Sa fraîcheur, son éclat vermeil...

Le ténor du bataillon prit son élan et poussa l'invocation amoureuse avec un réel sentiment qui fit battre tous les cœurs des fantassins à l'*unisson* :

> Oôô... printemps! Donne-lui ta goû-outte de rosée
> Oôô... mon cœur! Donne-lui (*bis*) ton rayon de soleil!

Ce fut un succès véritable. Les battements de mains et les exclamations approbatives emplirent l'air pendant une longue minute.

On pria le chanteur de recommencer, ce qu'il fit d'ailleurs, et de bonne grâce, avec l'air convaincu d'un Faure qui aurait manqué sa carrière.

Il débita ainsi trois couplets, soulignés toujours par le chantonnement de l'hélice.

Et cette romance morose, dont les échos se perdaient dans les solitudes de la mer africaine, loin des côtes de la patrie, me rendit tout songeur jusqu'aux coups de cloche du couvre-feu, qui firent coucher tout le monde à la belle étoile.

CHAPITRE XXIV

Sousse. — Les villes en dentelle. — Panoramas étincelants. — Pureté du ciel. — La vie à Sousse. — Monastir. — Ruines romaines. — Décor d'opéra. — Le pays des chameaux. — Mehdia. — Les agents tunisiens. — Arrivée à Sfax.

Tout ce pays est inconnu. Personne n'y vient. Les Européens ne paraissent pas se douter de la merveilleuse couleur que le soleil et l'azur répandent sur tout ce littoral. Sousse, Monastir, Mehdia, Sfax, Gabès, autant de bijoux étincelants, bien ciselés, que les Romains ont possédé jadis, car toute cette côte, qui regarde la Sicile, fut la première colonie africaine de Rome.

Ces rivages de l'ouest de la Tunisie sont beaucoup moins dangereux pour le navigateur que les côtes du nord. La mer est souvent furieuse entre Tarbarka et Bizerte l'hiver. On la trouve rarement désagréable dans une zone de trente kilomètres, le long du rivage oriental. Avec elle, peu de fonds. De grands bancs de sable, alternant avec des passes plus ou moins étroites, des hauts-fonds s'étendant fort loin vers l'ouest, c'en était plus qu'il n'en fallait pour encourager les colonisateurs romains, dont la marine était et resta toujours en enfance.

Quand on aperçoit ces villes du haut de la pleine mer, on dirait des découpures de dentelle, blanche à crever les yeux, qui reposent sur un gigantesque coussin bleu. Ce bleu, c'est en haut le plein ciel ou montent les minarets, en bas la mer unie comme un lac, où toute la ville se mire. Les découpures des fortifications arrondies et pointues, à la mode arabe, donnent parfaitement à l'ensemble des villes qu'elles emprisonnent cet aspect ouvragé qui frappe tout le monde.

L'intérieur de Sousse ressemble à tous les intérieurs de ville arabe, par exemple. La ville est étagée sur une petite bosse, comme Tunis. Elle forme un carré presque parfait le long du rivage. Son port est ensablé et les bateaux mouillent au large; je reviendrai sur la façon singulière dont nos navires modernes sont obligés de manœuvrer pour reprendre avec tout ce littoral le commerce des Romains. La ville compte plusieurs jardins assez verts, qui ajoutent une note gracieuse au tableau de ses minarets et de ses terrasses superposées. A Sfax, nous en trouverons bien davantage. La ville est propre ; les rues sont assez belles pour des rues arabes. Il y a douze mosquées, une Kasbah, des Zaouïas et des casernes, des bazars, en un mot tout ce qui constitue la vie d'une grande cité.

Sousse compte 18,000 habitants. Ce sont presque tous — comme à Tunis et sur toute la côte de ce pays étrange— des Maures d'Espagne, petit-fils des héros d'Ibérie, que la loi des migrations a jetés là, jadis, après la ruine de leur puissance et de leurs arts dans la péninsule ibérique. Ils sont tous reconnaissables à leur belle allure, et je m'aperçois que j'ai omis, quand j'ai parlé de la population de Tunis, de bien différencier les habitants masculins de la Tunisie.

Il faut bien établir que ces beaux gaillards à chlamydes chatoyantes, à turbans superbes, à face héroïque, — de vrais modèle du genre, — que nous avons vus par milliers à Tunis et que nous retrouverons par milliers sur toute cette côte orientale, sont tous des Maures d'Espagne. On les appelle d'ailleurs, de leur nom exact, des Maures. Ceux-là sont les anges de l'islam. Intelligents, actifs, artistes, commerçants, ils appellent secrètement la civilisation et les arts, pour lesquels ils sont doués.

La moitié de leur vie, en tant que Tunisiens déjà séculaires, se passe à repousser du sol de leurs villes les ignobles Bédouins de la plaine et du centre, voleurs, assassins, pillards, qui ne vivent que de rapines, et qui sont aussi désireux de chasser les Maures pour s'emparer de leurs richesses que de chasser les chrétiens et les juifs qui font commerce sur le sol tunisien. Ces Bédouins sont ce qu'on appelle les Arabes proprement dits. Il y en a aussi dans les villes; ils font les bas métiers et sont toujours prêts à tendre la main aux contingents belliqueux de l'intérieur, contre lesquels nous allons avoir à lutter longtemps, cela est certain, du moment que nous nous présentons comme les protecteurs des Maures.

Il ne faut jamais oublier cette distinction :

Les Maures tunisiens d'une part, aristocratie

embourgeoisée, bon petit peuple travailleur et intelligent, — le plus intelligent de tout l'islam.

D'autre part les Arabes du désert et des campagnes, bandes indisciplinées de parfaites canailles.

Les Maures de Sousse, autant que les chrétiens, réclament la présence d'un cuirassé français. Il n'y en a jamais dans ce port. On finira par leur envoyer deux ou trois bataillons, c'est nécessaire, pour assurer la régénération, par le calme et la sécurité, de cette ville industrieuse, dont nous pouvons tirer grand parti.

Sousse est la capitale du Sahel. Elle est actuellement la résidence d'un gouverneur nommé Baccouch, qui m'a toujours paru ménager la chèvre et le chou, mais dont les événements précipitent sans doute la soumission catégorique à nos lois. Son intérêt est là, car autrement, il serait sans doute pendu, ce qui ne lui plairait guère. Car Baccouch est un civilisé, qui tient à la vie, et qui ne mourra pas sans retourner passer quelques agréables soirées à Paris, sur le boulevard.

On fait à Sousse un grand commerce de blés et d'huiles. Tout le Sahel est un champ d'olives. Il y a dans ce pays des richesses à peine exploitées.

Rien que la récolte des olives et la confection de l'huile pourraient atteindre des développements formidables. Les indigènes utilisent à peine le quart de la récolte, et font à peine la dixième partie des affaires que pourrait nouer à Sousse le commerce français, avec ses moyens rapides et son argent courant.

Toutes les flottes romaines venaient là, et avant elles, évidemment, les flottes phéniciennes, chercher les denrées qui sauvaient de la disette.

Par Sousse les flottes romaines envoyaient les légions combattre les Numides, qui se tenaient dans l'intérieur de la Tunisie actuelle, et qui ne paraissent être autres que les prédécesseurs de ces bandes pillardes décorées par les amateurs de géographie et de statistique du nom de tribus organisées ; les Zlass, les Souasse, les Metellitt, les Ouled-Ayar, les Hmema, les Drids, les Riah, les Trabelsi, et autres.

On fait encore à Sousse le commerce des dattes, — beaucoup moins qu'à Tripoli, — des éponges, qui sont en grande quantité sur la côte, des os d'animaux, des laines.

La colonie française y est assez importante ;

les Italiens sont en plus grand nombre, les Maltais y sont trois mille, et les Anglais sont en tout dix-sept, ce qui n'empêche pas le gouvernement de la reine de montrer son pavillon et d'envoyer des corvettes se promener dans le port, pour protéger ses nationaux.

La vie à Sousse est très vivante l'hiver. Avant tous ces événements, il paraît qu'on y passait d'excellentes soirées. La colonie européenne qui compte de grandes fortunes, vit en fort bonne intelligence. Chacun donne alors des bals, des soirées. Il y a des pianos, des orchestres européens. On y danse la polka et la mazurka ; on y prend des sorbets et des glaces exquises, au café ou à la vanille ; on y reçoit deux fois par semaine les journaux d'Europe, et quand j'ai eu terminé le chapitre précédent chez mon colon français, j'y ai lu la *Revue des Deux-mondes*. Les femmes s'habillent comme à Palerme ou comme à Marseille. On danse l'hiver en robe blanche à traîne, avec des guirlandes de fleurs rouges ou bleues au corsage. Les hommes ont l'habit noir et le chapeau gibus. Ce sont des gens civilisés, et bien plus qu'on ne le croit, que tous ces commerçants qui, pour une raison ou pour une autre, sont venus s'installer à Sousse au milieu des Maures et des Arabes, pour y faire, malgré un gouvernement prévaricateur, de grands commerces et de grandes fortunes. Et ils sont furieux de voir que tout ce qu'ils nous disent de leur vie nous étonne. Sousse ! Qui connaissait Sousse? Où était Sousse? Et Sfax, donc? C'est une série de révélations.

Je souhaite qu'après la guerre, quand on aura pacifié les Zlass, les Drid, les Riah, les Ouled-Ayar, les Trabelsi, et autres Metellitt, dont nous parlions plus haut et pour cela, il y a un bon moyen, c'est le canon, mais le canon employé dix fois plus qu'on ne fait aujourd'hui, — je souhaite, dis-je, que les jeunes commerçants français qui commencent à voyager (— enfin !) pour s'instruire, viennent faire un tour par là. Je ne conseillerais pas ce voyage à deux jeunes mariés, certes ! Les commerçants y trouveraient, j'en suis sûr, quelque chose à faire. Sous le pavillon français, le commerce de toute cette côte doit atteindre de grandes proportions.

Nous avons quitté Sousse l'après-midi pour aller toucher à Monastir. Là, c'est une ville égyptienne d'aspect. On dirait qu'on voit des sphinx çà et là. Ce sont de gros blocs de pierres, restes de forteresses romaines. Et un château-fort noir, menaçant quoique tout démantelé, menace encore la mer, du promontoire où il est construit. Il y a de plus deux forts arabes. La ville est divisée en trois quartiers ; elle est enfermée dans de hautes murailles. De petits villages sans nombre l'entourent ; c'est là que se fait le commerce. Ce port, puisque port il y a, est pire que les autres. On mouille l'ancre à un kilomètre du rivage, et des barques viennent entourer le navire pour charger ou décharger les marchandises. La position de Monastir serait très forte, si on savait s'en servir. César, disent les érudits, y débarqua pour attaquer Scipion l'Africain. Je veux bien le croire. On appelait alors, ajoutent les érudits, Monastir du nom plus latin de Ruspina. J'avoue qu'au point de vue pittoresque, nous avons gagné au change. Monastir a quelque chose de sévère, de moyen âge, de menaçant. Monastir rappelle monastère. Ville austère, avec des Arabes et des Maures qui s'entendent pour travailler un peu et ne pas faire de bruit.

Ce qui est singulier, par exemple, c'est la vie des quelques Européens qui sont là, au milieu de ces 4,000 musulmans, car à Monastir, il y a à peine 300 Européens.

Ils sont très amis avec eux.

Parlant l'arabe, tous s'entendent très bien, et quand on leur demande s'ils voudraient rentrer en Europe, ces gens, qui ont là leurs affaires, leurs familles, vous disent tout bas qu'ils préfèrent Monastir.

Mehdia, qu'on appelle à Tunis la Medhia, est le port que nous avons visité après Monastir. Nous y sommes arrivés le matin, au petit jour, après deux nuits passées sur le pauvre *Dragut*, par un temps toujours aussi beau, avec les 500 hommes toujours aussi encombrants, avec une chaleur toujours croissante, et toujours autant de bêtes dans les couchettes. J'ai succombé au sommeil, cela devait arriver, et j'ai couché avec les cancrelats, machinalement, tout endormi, comme une brute. Je me suis réveillé sans avoir remarqué leur passage sur mon corps.

C'est que je dormais à poings fermés et que

le bruit de l'hélice m'empêchait d'entendre leurs pattes s'agiter sur les draps. Passons.

Mehdia est un village éclatant de blancheur et peuplé de chameaux. Voilà ce que j'ai retenu de ma descente à terre. D'ailleurs, il n'y a que deux rues. Une espèce de voûte épaisse sert de marché. Les chameaux et les hommes s'y défendent contre le soleil.

Il y a un bureau télégraphique, relai entre Sousse, Monastir, et Sfax.

Il fonctionne encore, et d'ici j'ai télégraphié à Paris, *viâ Tunis*. Mais ses jours sont comptés, et les Arabes le couperont sûrement.

C'est là, le long de cette côte, que je voudrais voir un câble. J'ai suffisamment parlé de ces choses ; n'y revenons pas.

Mehdia possède aussi son château romain, à la pointe d'une presqu'île protectrice de son mouillage, et qui est d'un grand effet décoratif.

Dans tous ces ports, nous avons des agents consulaires. A Sousse, c'est M. Villedon, à Monastir, M. Crétin, à Mehdia, M. X.... Presque tous se sont bien comportés dans les divers événements. Je dis presque tous, parce que nous avons, à Sfax, paraît-il, à faire des réserves.

Mais voici le moment de prendre la lunette du capitaine et de chercher l'escadre. Nous sommes en pleine mer, allant droit sur Sfax, après avoir fait le grand détour des îles Kerkennah, deux bancs énormes qui allongent singulièrement le circuit à faire pour aller de Mehdia à Sfax. Il y a bien un passage entre les bancs et la terre, mais de légers bateaux seuls peuvent le tenter. La canonnière française *le Léopard*, allant porter un télégramme de Sfax à Mehdia pour Tunis, a fait la chose hier, nous dit-on, en passant.

J'écris ces notes près de la guérite du timonier du *Dragut*. A l'œil nu, on aperçoit tout à coup une quinzaine de grandes croix qui émergent de la mer bleue. Ce sont les mâts et les vergues des deux escadres françaises embossées devant Sfax.

Enfin, nous y voilà. Les soldats frémissent de joie. Ils vont enfin voir autre chose que l'immensité bleue. Ils agitent leurs képis et crient : « Vive la France ! »

Sfax apparaît, blanche et verte, dans le lointain, et la silhouette des cuirassés se dessine plus nettement. Nous allons donc voir cette fameuse ville, dont il a été tant parlé, et qui a forcé la France à faire une deuxième campagne tunisienne : celle dite de la Marine.

Malheureusement, ce ne sera pas la dernière.

La dernière se fera par mer et par terre; elle englobera toute la Régence orientale, il est aisé de le pressentir, et elle finira plus loin que Kairouan, si elle finit.

CHAPITRE XXV.

Arrivée à Sfax. — Le bombardement. — Désolation pittoresque. Le débarquement. — L'assaut. — La guerre des rues. — Soumission. — L'occupation militaire. — Nos pertes. — Le *Monarch*. — Cause effective de la révolte.

J'ai passé aujourd'hui toute la journée dans les ruines encore fumantes et brûlantes de Sfax.

Le bombardement a eu lieu avant-hier 16 juillet, et on arrache encore les Arabes des caves où ils se sont réfugiés, pendant que ceux-ci tirent des coups de fusil sur les Européens qui passent. Jamais personne ne reverra ce que les rares voyageurs du *Dragut* viennent de voir dans cette étrange journée.

Les bulletins officiels diront comment le *Colbert*, le *Trident*, la *Reine-Blanche*, l'*Alma*, le *La Galissonnière*, le *Friedland*, la *Surveillante* et les canonnières ont opéré le bombardement de

Sfax et protégé le débarquement des troupes. De l'aveu de tous les témoins, ce bombardement mémorable, qui a duré à pleine volée pendant deux heures, le samedi 16 juillet, rappelait les plus effrayants spectacles du genre, y compris la canonnade nocturne de Cherbourg servie à M. Grévy par les mêmes cuirassés de l'amiral Garnault, il y a juste un an.

Ce fut une grêle de feu, un fracas de détonations, un embrasement du ciel par les obus de 187 kilos, qui saisit d'admiration les officiers et les matelots restés à bord de l'escadre, tandis qu'il inspirait une crainte instinctive aux trois mille hommes de débarquement empilés sur des chalands, et pardessus les têtes de qui passait toute cette mitraille diabolique.

La ville de Sfax, pendant ce temps-là, brûlait et sautait, non sans difficulté, car les murs en sont terriblement durs, et plus d'un obus traversait les maisons sans les endommager gravement.

Les Arabes appelaient la ville « Sfax la forte », et non sans raison, car évidemment, si des forces européennes avaient défendu cette place, il eût fallu dix jours et vingt mille hommes pour l'emporter.

Les trois compagnies de débarquement les plus importantes, celles du *Colbert,* de l'*Alma,* et de la *Reine-Blanche*, étaient commandées par les capitaines de vaisseau qui sont les commandants de ces bâtiments : MM. Marcq de Saint-Hilaire, Miot et de Marqueyssac ; des lieutenants de vaisseau, des enseignes et des aspirants complétaient les cadres et conduisaient énergiquement ces 1,500 marins. Les 1,200 hommes d'infanterie commandés par le colonel Jamais, envoyé de Rouen à Sfax uniquement dans ce but, s'approchaient du rivage sur les chalands du transport la *Sarthe*. Le contre-amiral Conrard dirigeait l'ensemble sous les ordres du vice-amiral Garnault.

Pendant ce temps, les Arabes qui défendaient la ville, au nombre de 3,500 à 4,000, s'enfuyaient dans les jardins inexpugnables de Sfax où ils étaient et sont encore, et les seuls fanatiques, estimés à 1,200, restaient pour se défendre corps à corps aussitôt que leurs batteries rasantes, armés de vieux canons rouillés, seraient aux mains des assaillants.

L'amiral Garnault, placé près du rivage, sur le *Desaix,* fait signe de cesser le feu à huit heures, et aussitot les gros canons et les canonnières se taisent. La ville flambe.

C'était le moment de s'emparer de la batterie rasante et de la *Kasbah,* situées l'une à droite, l'autre à gauche de la ville, toutes deux au bord de la mer.

Le débarquement s'opère sous une grêle de balles, que les insurgés tirent à vingt mètres. Les officiers de terre et de mer enlèvent alors leurs troupes, et une charge meurtrière commence dans une tranchée, profonde de deux mètres et protégée par de grosses balles d'alfa, où les Arabes se sont embusqués.

La première compagnie du 92e de ligne, capitaine Bouringuer, s'empare alors de la tranchée dans un combat corps à corps des plus brillants. Son lieutenant, M. Marchand, et son sous-lieutenant, M. Dailly, tombent grièvement blessés ; six hommes et bientôt dix-sept sont mis hors de combat, tandis que les Arabes de la tranchée ont perdu trente-sept hommes en un clin d'œil. Les jeunes soldats du 92e, qui viennent de la Manouba, sont dignes de leurs aînés, et tout le monde s'attend, à Sfax, à voir la compagnie du 92e mise à l'ordre du jour de l'armée.

Pendant que les fantassins accomplissent ce fait d'armes, les marins placés plus à droite sur la plage se ruent comme de véritables tigres sur la batterie rasante, qu'ils escaladent sans faiblir, toujours en perdant du monde et toujonrs en abattant les Arabes. Sans hésitation, un quartier-maître du *Trident* arrive sur le sommet de la redoute et y plante le pavillon de son canot, qu'il avait emporté sans mot dire. Le pavillon est criblé de balles et le quartier-maître tombe raide mort, victime des traditions de la vieille France! Il est aussitôt remplacé par dix autres que canardent les Arabes du haut de leurs remparts envahis. Cinq cents marins ont tourné la redoute, et la batterie rasante est prise. On fusille un lot d'insurgés qui cherchent à fuir, et les troupes sont maîtresses de la place dans toute sa longueur.

La guerre des rues commence alors : en effet,

au premier moment d'effroi, beaucoup d'Arabes se sont réfugiés dans leurs caves et, de là, ils tirent à coups redoublés sur le 136e, sur le 71e, sur le 93e qui, croyant la ville ouverte, s'avançaient rapidement vers le sommet des rues, qui vont toutes en pente vers la mer. Les soldats, frappés par derrière, commencent à tomber en assez grand nombre.

On fouille alors les maisons une à une ; on y fusille tout ce qu'on trouve les armes à la main, et une véritable chasse à l'Arabe commence dans Sfax déserte, pour se continuer trois jours encore.

L'officier torpilleur de la *Reine-Blanche*, M. Debrem, lieutenant de vaisseau, dont le concours a été des plus précieux, est chargé de faire sauter avec du fulmi-coton des pâtés de maisons où les Arabes se défendent à outrance. Ce procédé expéditif terrifie ceux qui ne sont pas écrasés, mais ils n'implorent aucun pardon. La défense de Sfax par les Arabes a été héroïque, autant que le bombardement et l'assaut par nos troupes ont été dignes des plus beaux faits d'armes de l'armée d'Afrique.

Il ne faut pas s'y tromper, la prise de Sfax est

un fait de guerre autrement important que tout ce qui s'est passé en Tunisie jusqu'à cette date.

Je suis descendu à terre avec les officiers. Les Européens étaient encore consignés à bord des vaisseaux de guerre où ils s'étaient réfugiés, car la prise de Sfax n'était pas terminée; on continuait à faire sauter les maisons et à en déloger les insurgés.

Jamais je n'oublierai cette journée passée au milieu de l'incendie et des démolitions. La ville est en ruines littéralement et, de toutes parts, ce ne sont que trous énormes, brèches béantes, produites par les obus de quinze navires tirant sans désemparer.

Je parcours successivement la batterie rasante, dont les vieux canons, du temps de Louis XVI, ont été encloués par nos marins. Un détachement d'artillerie l'occupe; je visite aussi la tranchée de défense, d'où une forte odeur cadavérique commence à s'échapper. Il y a là, en effet, trente-sept corps d'Arabes tués sur les balles d'alfa et qu'on a enterrés, à quelques centimètres, dans la tranchée même.

Dès que j'ai franchi la porte de la ville, qui

est réduite en miettes par les torpilles, l'aspect général devient plus sombre. Les soldats du 93e de ligne et du 77e sont campés dans les ruines du quartier européen, qui forme la partie basse de Sfax. On marche sur les étoffes, sur les meubles brisés, sur les registres de comptabilité, sur les ustensiles les plus divers, que les explosions ont violemment projetés avec les décombres ; les soldats sont noirs de poudre; ils montent la garde deux par deux, et de vingt pas en vingt pas, pendant que les officiers et les sous-officiers visitent les maisons avec des pelotons de dix hommes, fouillent les caves, et barricadent ensuite les portes, en écrivant dessus le mot *visité*.

Le colonel Jamais, qui commande maintenant la place sous les ordres du général Logerot, et en dehors de l'autorité des amiraux, occupe le premier étage d'une maison restée à peu près intacte.

Il a donné l'ordre de conduire à bord de l'*Alma* les notables Sfaxiens qui demandent à transiger et à discuter les conditions de la paix. Ces notables m'ont l'air d'être cossus ;

l'un d'eux possède douze maisons dans Sfax. Ils disent que les insurgés les ont forcés de se mettre avec eux, ce qui est bien possible, mais ce qui n'est pas absolument certain.

Enfin, aujourd'hui, ils sont venus demander l'aman, l'éternel aman, et, après avis du gouverneur Djellouli, réfugié à bord de l'*Alma* depuis quinze jours, on va le leur accorder.

Dans la ville arabe, le spectacle est encore plus curieux et plus inattendu : chaque rue est encombrée de moellons et de morceaux de minaret tout entiers ; les soldats, pour se reconnaître dans ces dédales, ont donné aux rues les numéros de leurs régiments : rue du 92e, rue du 77e.

J'arrive devant la mosquée, qui est fort belle ; elle est occupée par le bataillon du 77e, commandant Sartor, un bon Lorrain, dur à cuire, comme tous les Messins de Metz en Lorraine. Rien de singulier comme l'aspect de cette mosquée immense, aux voûtes soigneusement blanchies, aux colonnes de marbre, et sur les nattes de laquelle les troupiers ont établi leur domicile. Il n'y a pas mal de loustics dans ce bataillon, qui est arrivé en droite ligne de la caserne du faubourg Poissonnière. Aussi peut-on admirer des militaires qui font la soupe habillés en grands prêtres, avec des robes invraisemblables et des calottes de toutes les couleurs. Le turban vert et le drapeau du prophète servent de ceintures à nombre de cuisiniers. Six cents hommes sont logés là-dedans comme des princes ; aussi est-ce avec douleur qu'ils apprennent de leurs officiers que demain on rendra la mosquée au culte des Sfaxiens qui auront réintégré leurs domiciles, bien démolis au surplus.

Les quatrièmes bataillons des 92, 93, 77, 136 et 137e de ligne rapporteront en France quelques bibelots provenant de la prise de Sfax ; plus d'un troupier a mis dans son sac un fichu de soie ou des pantoufles brodées pour sa payse ; mais, malheureusement, le sac du soldat est lourd et déjà rempli par les objets nécessaires. Il faudra s'en aller à Gabès par étapes, et alors, adieu les souvenirs de Sfax !

J'ai ramassé dans la mosquée un Koran que je garderai précieusement dans ma bibliothèque. Il est d'autant plus précieux que je l'ai pris dans celle du marabout.

Ce marabout a été tué dans sa mosquée, poussant des cris de mort contre les chrétiens et excitant ses coreligionnaires à la résistance, alors que, déjà, la ville était prise.

Il paraît que les Sfaxiens s'étaient préparés à cette guerre des maisons, car c'est ainsi qu'ils nous ont tué du monde.

Les pertes que nous avons faites peuvent se décomposer ainsi :

Marins : tués, 13; blessés, 26 (transportés à l'ambulance à bord de la *Sarthe*).

Troupes de ligne : tués, 25; blessés, 80.

Total pour les différentes armes : 38 morts et 106 blessés.

Parmi les morts, il faut compter M. Léonce Léonnec, aspirant de marine, parent de M. Paul Léonnec, le dessinateur du *Journal amusant*. M. Léonnec, frappé de deux coups de feu en entrant à la Kasbah, est mort de ses blessures le surlendemain. On l'a enterré solennellement dans le cimetière européen de Sfax. La cérémonie religieuse avait eu lieu à bord de l'*Alma*, où servait le jeune aspirant; puis une seconde cérémonie, sur laquelle je reviendrai, avait été célébrée dans la mosquée, par le curé catholique de Sfax, un Maltais. Et sur la tombe, devant les états-majors assemblés, l'amiral Conrad a prononcé un discours émouvant, rappelant la bravoure de ce jeune homme, sorti d'une condition humble, seul soutien de sa vieille mère, et racontant sa mort, qui a été celle d'un brave enfant de la France.

A propos de la Kasbah, il faut dire que, contrairement à ce qu'on croyait, elle n'était point défendue par une garnison. Lorsque les torpilles en eurent détruit la porte massive, soigneusement fermée, on ne trouva dans l'intérieur qu'un Arabe, qui se mettait en devoir de faire sauter la poudrière. Séance tenante il fut passé par les armes, et un grand malheur put être évité.

En continuant ma promenade dans la ville bombardée, je rencontre deux enceintes de remparts, durs comme du fer et capables de résister à une grosse artillerie. Les Arabes avaient raison de mettre leur confiance dans ces fortifications incroyables; il faut les avoir vues pour comprendre tout ce que 1,200 Arabes fanatiques ont pu en tirer.

Dans le palais du gouverneur, situé au sommet de la ville arabe, je trouve le commandant Gardarein, du 93e de ligne. Ce palais est une petite merveille de décoration orientale, et le commandant est loin de se plaindre du quartier général qui lui est échu en partage. En redescendant vers la mosquée, toujours à travers les maisons écroulées, j'assiste, sous un vieux porche, au conseil des notables, présidé par un lieutenant-colonel, entouré de trente officiers.

Les notables ont obtenu l'*aman* et ont traité sur l'*Alma* avec Djellouli, le gouverneur beycal, qu'ils avaient expulsé. Il a été entendu qu'avant toute discussion, ils s'en iraient aux quatre coins de la ville, par deux ou trois, criant à leurs coreligionnaires qu'il y avait trêve et qu'ils pouvaient sortir des caves sans danger pour leur vie.

Il faut dire qu'un avis semblable, lu par des interprètes, n'avait produit aucun effet. Les officiers donnent à chaque notable une garde de quatre hommes, et voilà nos gens partis, criant en arabe et invitant leurs compatriotes à sortir de terre. Aussitôt, par dix et par quinze, les Arabes se dénichent. Plus d'un jeune troupier demeure stupéfait, et songe au nombre incalculable de coups de fusil qui pouvaient encore sortir des caves! Tout ce monde avait passé quatre jours sans manger ni boire, ce qui n'est pas excessif pour un Arabe qui fait la guerre sainte. Mais ils ne s'en jetaient pas moins avec avidité sur les tasses d'eau que les soldats leur apportaient. Nos lignards sont ainsi faits : après avoir fusillé avec rage pendant la lutte, ils s'empressent autour des blessés qui sortent de leurs repaires sur la foi des traités.

Il est probable que le général Logerot viendra à Sfax prochainement, pour se rendre compte de la situation et décider certaines mesures d'occupation. Aujourd'hui les troupes vont occuper la ligne d'enceinte de la ville. On va faire éclater les canons dont les insurgés se servaient. On va raser les murailles, trop élevées, et on va attendre que les Sfaxiens viennent relever leurs maisons, si tel est leur bon plaisir. D'indemnités, il n'en sera accordé qu'à la condition de les prendre sur les Arabes ; aussi la contribution de guerre qui sera imposée sera-t-elle probablement considérable. Avec l'argent, ou compensera les pertes que le bombardement et les autres faits de guerre auront fait subir aux Européens.

Un seul navire de guerre étranger assistait à la prise de Sfax, le *Monarch*, frégate anglaise. Le commandant a été correct, en apparence, après avoir, sur l'invitation habile de son gouvernement, proposé tout d'abord son concours belliqueux, concours qui fut décliné.

Le commandant du *Monarch* envoya, pendant l'action des escadres, douze barriques d'eau fraîche à nos hommes, ses médecins et ses ambulanciers avec le pavillon blanc à croix rouge de la convention de Genève. Il félicita, après l'action, les officiers français de son grade.

Pendant ma visite à Sfax, j'ai rencontré ses marins, qui se promenaient dans la ville. Sous prétexte d'ambulance, ils... observent philanthropiquement ce qui se passe.

En ce moment, la population musulmane commence à revenir; elle se défie toujours un peu, mais cela passera. Les Arabes insurgés sont toujours réfugiés dans les jardins de Sfax qui ont six lieues d'étendue. Il faudrait une armée pour les traquer, mais il est probable que le terrible châtiment que les Sfaxiens ont subi pacifiera cette contrée.

La cause de la révolte a été positivement le traité du Bardo, que les Arabes refusent de reconnaître à aucun prix.

On se figure sans doute en France que Sfax est une petite ville, un bourg fortifié, quelque village arabe perdu sur la côte sud de la Tunisie.

Or il faut savoir que Sfax était, après Tunis, la ville la plus importante de toute la Régence. Rivalisant avec Tripoli pour le commerce des huiles, des alfas, des plumes d'autruche, des fruits et des froments, Sfax venait avant Sousse, avant Monastir et avant Mehdia, ces trois ports d'exportation de la Tunisie, aussi inconnus des Parisiens qu'ils sont fréquentés des trafiquants méditerranéens, Grecs, Maltais, Algériens et autres, comme nous l'avons vu plus haut.

Quinze mille habitants aisés demeuraient à Sfax. Aujourd'hui, ils commencent à revenir. Le colonel Jamais les a autorisés à rentrer en ville, mais à la condition d'être accompagnés de leurs femmes et de leurs enfants : les célibataires sont soigneusement écartés; un conseil d'examen préside à ce triage et siège en permanence à la place.

Il y a eu ce matin un petit marché aux portes de la ville. On y a vendu aux troupes et à l'escadre du raisin et des volailles ; c'est le commencement de la détente.

Un ordre du colonel Jamais a prescrit hier la mise en accusation, devant le conseil de guerre, de tout soldat qui soustrairait un objet des maisons aujourd'hui rouvertes.

Le vieux gouverneur de la ville est toujours réfugié à bord de l'*Alma;* il rentrera en ville demain, quand une centaine de familles seront réintégrées. Celles qui sont déjà revenues sont remises en possession de leurs maisons, ou du moins de ce qui reste : elles font en partie la « popotte » avec les troupiers, car il ne leur reste en général pas une fourchette ni une tasse. Tout a sauté en l'air ou s'est fondu dans le feu.

Cette nuit, entre minuit et une heure, il y a eu une alerte : cent cavaliers de la plaine environ sont venus attaquer les chameaux d'un groupe de Sfaxiens, campés à proximité de la ville et prêts à rentrer chez eux au petit jour. Ces Arabes vont sans doute sur Gabès et ont besoin de moyens de transport; ils ont vigoureusement attaqué les Sfaxiens qui, tous armés, se sont défendus. Nos grand'gardes ont été à leur tour attaquées par les cavaliers que les Sfaxiens avaient repoussés, et des feux de salve bien nourris en ont jeté bon nombre à terre.

Ces alertes nocturnes ne discontinuent pas ; elles entretiennent l'inquiétude du soldat, car, chaque nuit, on entend des coups de fusil autour de la ville. Nos troupes ont construit près des remparts arabes des tranchées en terre et des épaulements, en cas de retour offensif d'Ali-ben-Kalifa, le grand meneur de toute l'affaire de Sfax, avec Ali-Chériff, l'ancien commandant de place.

Ces deux messieurs n'ont pu être fusillés; ils sont à 40 kilomètres de Sfax où ils consultent évidemment les Arabes de la plaine. Ali-Chériff est un ancien artilleur du Bey ; on disait à Tunis qu'il avait été à l'École polytechnique! Ce n'était qu'un modeste artilleur arabe ignorant comme une carpe, mais très chatouilleux de l'indépendance des Tunisiens.

A Sfax, il était commandant de place et, comme tel, préposé à la manœuvre des vieux canons que j'ai décrits, quand le gouverneur lui signifia le traité du Bardo. Il refusa d'abord d'y croire, puis il organisa la révolte méthodiquement et patiemment.

La ville de Sfax a d'autant mieux mérité son châtiment exemplaire qu'elle a bien étudié son affaire avant de s'y lancer.

On a trouvé plusieurs fusils Martini déchargés dans les rues, et un fusil Gras. Un capitaine du 93e fouillait une maison, un Arabe saute sur lui et, en français lui crie : « Qu'est-ce que tu veux, toi, capitaine ? » L'officier répond : « Tu es turco ? — Oui, je suis turco ! » crie le déserteur, et aussitôt il est mis au mur et fusillé.

On manque de purifiants, ce qui fait craindre que le séjour des cadavres sous une couche de terre trop légère n'apporte aux troupes des émanations dangereuses.

Le sous-gouverneur a repris ses fonctions, en

attendant que Djellouli ose reprendre les siennes. Ce fonctionnaire déjeunait hier devant moi avec une tasse d'eau et douze figues de Barbarie. Le soldat n'a que le strict biscuit pour se sustenter jusqu'à présent, un peu de viande de temps en temps, et les adoucissements que les *mercanti* accourus en troupes serrées vendent horriblement cher.

Le malin serait le Parisien qui partirait aujourd'hui ou dans huit jours de Marseille, avec un navire chargé de conserves, de vin, de cognac, de saucisson, de harengs, de café et d'appareils à fabriquer la glace : il ferait fortune en quinze jours au détriment de tous les *mercantis* sans sou ni maille, qui ne vendent que d'horribles drogues et des viandes pourries.

Le cuirassé l'*Alma* compte toujours à son bord une centaine de réfugiés, hommes, femmes et enfants, qui redescendront à terre demain. Les officiers et les marins ont fait tout leur possible pour adoucir le sort de ces exilés, sort singulièrement difficultueux à bord d'un navire de guerre. Les femmes étaient couchées d'un côté avec les enfants, les hommes de l'autre et, pendant quelques jours, avant l'arrivée du gros de l'escadre, on a un peu vécu de pain et d'eau claire.

La conduite du commandant Miot a été au-dessus de tout éloge, et les réfugiés n'ont eu qu'à se louer de son urbanité.

Je suis monté à bord de l'*Alma*. Le spectacle était curieux et triste à voir. Aujourd'hui, les souffrances sont oubliées de tous, et chacun va essayer de se remettre au travail. Cependant, la sécurité n'est pas grande, il faut que les six bataillons qui sont à Sfax restent à Sfax, et opèrent des mouvements en rase campagne, à dix kilomètres autour de Sfax.

Ces hommes, aujourd'hui complétés au nombre de trois mille environ, sont trop précieux pour qu'on les envoie à Gabès.

Si l'escadre va à Gabès, comme cela est dicté par les nécessités d'une répression exemplaire, l'amiral Garnault aura bien assez de ses douze cents marins des compagnies de débarquement, protégés, jusqu'à l'arrivée de troupes fraîches, tirées de France, par les canonnières des escadres.

On trouvera peut-être que j'ai beaucoup parlé

des ruines pittoresques de Sfax bombardé, de nos jeunes troupiers, qui sont braves, de l'intrépidité des marins, qui sont toujours l'élite de la valeur française, de nos officiers des escadres ou de la ligne et pas du tout du consul Mattei, qui a été la cause involontaire, je veux bien l'admettre, de toute cette affaire.

C'est que le consul Mattei n'est nullement intéressant : il n'a jamais eu le bras cassé, il se porte comme le Pont-Neuf.

L'affaire ne pouvait être éludée en soi, et la canonnade de Sfax était inévitable avec ou sans l'incapacité consulaire qui trônait sans contrôle dans cette cité arabe, loin, bien loin, de M. Roustan et M. Barthélemy Saint-Hilaire. Mais il est fâcheux que les journaux aient fait un héros tragique de ce Consul.

M. Mattei a été la cause des événements, mais non pas le héros qu'on a tant vanté dans les feuilles.

Le héros de Sfax a été M. Gau, employé du télégraphe, qui, comme l'employé légendaire des romans modernes, a télégraphié jusqu'au moment où l'insurrection brisait son fil à coups de sabre.

Telle a été la prise de Sfax.

Les Arabes sont vraiment naïfs! Ils n'ont jamais voulu croire, dans l'intérieur, à la prise de Sfax. Dans Kairouan même, ville sainte, où est enterré le barbier du Prophète, les marabouts la nient, se basant sur ceci qu'un projectile ne peut porter à plus de deux mille mètres, et que la rade de Sfax est inabordable pour nos gros cuirassés.

A Sousse, un chef arabe m'a dit, à moi-même, que les Sfaxiens avaient été bombardés et forcés de reculer, mais que le 17, ils avaient repris leurs positions et conquis d'assaut, à cheval, tous les vaisseaux de la flotte française.

CHAPITRE XXVI.

L'île de Djerba. — Oumt-Souk. — Désolation. — La *Mater*. — La visite des réfugiés. — Les misères inconnues. — Une tomate par jour. — L'homme au violon.

A Djerba, la situation des Européens est lamentable.

L'île de Djerba, peu éloignée de Gabès, a reçu le contre-coup de l'excitation sfaxienne, et elle s'est mise, elle aussi, à remuer beaucoup. Les Arabes ont proféré des menaces. Il convient de dire qu'ils ne les ont pas exécutées, mais, un échec de nos troupes à Sfax, et tout était fini. Les trois cents Européens qui habitaient l'île et dont la plus grande partie occupe en ce moment un ponton flottant en pleine mer, étaient écharpés.

Djerba apparaît dans le lointain comme toutes les côtes de ce pays-ci : une ligne jaunâtre de terre sur l'eau bleue. Puis les groupes d'oliviers et les habitations arabes, blanches dans la verdure poussiéreuse des arbres rabougris.

L'île de Djerba compte une agglomération principale de maisons, qui s'appelle Oumt-Souk, le Marché de la mer. C'est en vue de ce hameau-capitale que les navires de commerce mouillent leurs ancres, fort loin du rivage d'ailleurs, car les bas-fonds empêchent, comme à Sfax, les bâtiments, même de petit tonnage, d'approcher de la terre.

On ne voit devant Oumt-Souk que quelques barques maltaises, dans le genre des norwégiennes que conduisent nos mariniers d'Europe. Ces barques permettent d'aller chercher la marchandise et le passager à bord des bateaux qui font escale à Djerba, ou de les y conduire, nécessairement. Ce va et vient prend quelquefois trois heures. Entre cette façon de procéder et le débarquement à quai, il y a loin.

Le commerce de Djerba est comme celui de Sousse, de Sfax, de Monastir, de Mehdia, de Tripoli, le commerce des huiles d'olive. On n'y emploie que deux genres de colis, et les navires qui font la côte ne connaissent guère que deux frets : la barrique vide et la barrique pleine. La barrique pleine est roulée à la mer par des nègres et des Arabes. Elle est ficelée solidement à une autre barrique pleine qui tient à la suivante par un bout de câble. Et ainsi de suite, dix ou vingt barriques sont mises à l'eau. Elles nagent fort bien, et une ou deux barques les remorquent jusqu'au navire qui doit les emporter.

L'équipage, aidé des nègres, les pêche alors dans la mer. Il rejette en échange les barriques vides, qui, sans plus de cérémonie, s'en vont, une à une, de ci de là, ballottées par la vague, et gagnent toujours tant bien que mal la côte.

J'ai fait, sur les côtes de la Tunisie, une remarque assez inattendue. La Méditerranée, dans ces parages, et notamment à Sfax, a des marées véritables. Petites marées, mais qui sont régulières et paraissent très sensibles sur un rivage où l'on pourrait faire, à la pleine eau, trois kilomètres sans perdre pied.

A Sfax, la différence entre la pleine eau et la basse eau se traduit par la mise à sec ou l'inondation de plusieurs hectares de sable vaseux.

Revenons à Djerba. L'industrie de l'île, après

celle de l'huile, est la poterie poreuse. Tous ceux qui ont voyagé en Algérie connaissent ces carafes en terre rougeâtre ou grise, qui conservent l'eau fraîche par l'évaporation, et que les colons appellent du nom bizarre de *gargoulettes*. A Paris, nous appelons ces carafes d'un nom plus bizarre encore, puisqu'il est espagnol. Ce sont des *alcarazas*.

Eh bien, à Djerba, la population des potiers fait sans relâche des gargoulettes ou alcarazas, pour la consommation de l'Algérie et de la Tunisie réunies. Une de ces gargoulettes, que dans une journée de soif intense, j'avais payée deux francs à Oran, coûte dix centimes à Djerba. C'est pour rien. Aussi, comme un simple Calino, j'en ai acheté plusieurs. C'est la compagne précieuse du voyageur. Pendue à l'avant de la barque ou sous la balustrade du paquebot, la gargoulette adoucit par l'eau fraîche qu'elle procure, les pénibles matinées et les après-midi torréfiées qui nous étreignent en ce moment, sous le ciel de la Cyrénaïque.

Le *Dragut* avait à peine perdu de vue la haute mâture de la flotte française embossée devant Sfax, que nous commencions à voir le profil jaune, vert et blanc de l'île de Djerba, ainsi que la masse noire du ponton des réfugiés européens.

J'avoue que lorsqu'on me parla d'Européens réfugiés sur un ponton en vue de l'île de Djerba, je prêtai l'oreille avec étonnement. Nous ne savions rien de pareil en France. Ce n'en est pas moins très exact.

Les habitants de Djerba, menacés par les Arabes, ont fait, il y a quinze jours, ce que les Européens de Sfax ont fait en cherchant un refuge à bord de l'*Alma*. Avec cette différence toutefois que le ponton de Djerba ne possède aucun canon, et qu'il ne pourrait en aucun cas servir de défense. Aussi ces malheureux sont-ils assoiffés de bombardements ou tout au moins de démonstrations militaires. Ils attendent l'amiral Garnault comme le Messie.

J'avais pour compagnon de voyage à Djerba, M. Berlier de Vauplane, agent des postes et télégraphes, et le seul Français, à vrai dire, de cette île tunisienne. M. Berlier de Vauplane revenait de Sfax où il avait embarqué sa famille pour Tunis, et il allait « rejoindre son poste ». L'expression, bien administrative, ne manquait pas de piquant, attendu que le poste avait été coupé par les Arabes, il y avait déjà beaux jours.

M. de Vauplane représentait M. Cochery dans l'île de Djerba. Avec sa casquette à galons d'or, ce jeune homme personnifiait le progrès dans ce trou volcanique, plein d'Arabes et de barriques d'huile. M. de Vauplane allait donc attendre, seul, au milieu d'une population soulevée, qu'on rétablît le fil entre Djerba et Gabès. Mais comme le fil de Gabès à Sfax et de Sfax à Mehdia est totalement détruit, il se passera quelques mois avant que la réparation télégraphique de ces parages soit possible.

Lorsque notre bateau n'est plus qu'à quelques encâblures du ponton, nous distinguons parfaitement le pavillon français, qui flotte à l'arrière du vieux navire-démâté, et son nom *Mater*, avec le nom du port d'attache écrit en dessous : *Djerba*. Une modeste mâture, destinée à faire des signaux, le cas échéant, se dresse au milieu du navire-refuge.

La Compagnie transatlantique, qui trafique aussi du passager et de la marchandise sous cette latitude, avait fait venir ce vieux bateau de Marseille pour l'ancrer à Djerba, et y déposer passagers et colis, en attendant que les mariniers de l'île vinssent les y prendre. Deux jours après son arrivée, le ponton flottant était l'objectif de tous les Européens affolés, qui s'y installaient à cent cinquante (et dans quelle misère!) pour attendre l'arrivée, si souvent promise, de nos navires de guerre.

Le bateau à vapeur s'arrête. Un canot m'emmène à bord de la *Mater*, avec M. de Vauplane.

Jamais de ma vie je n'oublierai l'impression pénible que m'a fait cette visite à cent cinquante pauvres hères, sur cette rade perdue, au milieu de tout ce bruit de révolte et de massacres.

C'était la maladie et la misère dans la terreur, quelque chose comme un radeau de la *Méduse* qui serait à l'ancre.

Quand nous avons gravi l'escalier du bord (car la *Mater* possède un escalier à poulie tout comme les grands vaisseaux) nous somme reçus par le capitaine du ponton, vieux matelot marseillais, qu'on avait envoyé là pour vivre seul au milieu du fret, et qui se trouve improvisé chef de tribu avec quatre-vingts femmes, quarante enfants et autant d'hommes autour de lui.

L'arrière et l'avant du navire se ressemblent. Ce sont deux campements, ainsi que le pont tout entier, du reste, qui relie l'avant à l'arrière par une série de hamacs, de paillasses, de matelas étalés çà et là.

La population du ponton vient se grouper curieusement autour de nous. Il n'y a guère que des femmes et des mioches, les hommes étant partis pêcher dans la rade pour le repas du soir. Toutes ces femmes sont Maltaises, les unes de naissance, les autres seulement d'origine. Celles-ci sont nées à Djerba, et par conséquent sont sujettes du Bey de Tunis.

Il y a dans le tas qui grouille autour de nous de belles têtes à l'italienne, entre autres une Napolitaine superbe, de trente-cinq ans, qui allaite son douzième enfant. Les onze autres l'entourent.

Garçons et filles, ce sont de véritables chérubins, blonds et noirs, frisotés avec de grands yeux noirs ou bleus. Ils sont, hélas ! repoussants de misère, et trois d'entre eux ont des taies sur un œil.

On nous fait entrer dans la salle de l'arrière. Là je trouve trois hamacs, et dans les hamacs, que balancent des fillettes aux yeux criblés de taies, au visage amaigri, je vois de petites choses qui remuent sous des langes propres, mais déchiquetés. Ce sont trois nouveau-nés, qui sont venus au monde la veille et l'avant-veille, sur le ponton. Etrange lieu de naissance!

Dans un coin, quatre ou cinq garçons jouent avec des billes. Ils relèvent la tête en m'apercevant.

Je vois leurs grands yeux voilés par cette horrible tache bleu-pâle, qui est la plaie ophthalmique de ce pays. Toute cette marmaille qui grouille sur les paillasses, qui peigne ses cheveux avec des démêloirs ébréchés, qui berce les petits, toute cette jeunesse vêtue de caracos rapiécés et de robes en loques, qui donne à téter aux mioches ou qui ravaude les bas, par groupes de trois, quatre, chantonnant une mélopée de Djerba, sans harmonie comme sans fin, tout cela est aveugle ou borgne.

Chacune de ces filles, sortie de sang maltais ou sicilien, et acclimatée en Tunisie, a sur l'œil la tache hideuse. Il y a des fillettes qui nous touchent avec leurs mains en passant près de nous.

C'est pour se guider sur le pont. Elles sont aveugles.

Est-ce un vice originel ? Est-ce une maladie des parents, ou, comme on le prétend, la mauvaise eau et les sables, qui, toute l'année, déchirent les yeux des enfants ? Je n'en sais rien ; mais c'est fort triste à voir.

Nous passons à la salle de l'avant, suivis de toutes les femmes et de la marmaille que nous avions visitées à l'arrière. Là, deux ou trois vieilles femmes, à la peau parcheminée, aux membres raidis, s'endorment péniblement sur des matelas puants, que le capitaine du ponton fait mettre à l'air tous les matins, mais que les enfants se chargent d'entretenir, comme on sait. Dans un coin, je vois un violon suspendu. C'est celui du vieux loup de mer, qui râcle de temps en temps un air provençal pour distraire sa tribu de réfugiés!

Il y a, sur une mauvaise natte, un garçonnet de seize ans qui a l'air d'être mort.

Etendu tout de son long, les bras ramenés sur le ventre, il incline la tête et ne pousse pas un soupir. Il est pâle, livide. C'est un petit poitrinaire, et il paraît qu'il mourra dans la journée, ou demain. Quelle pitié! Et pas un médecin, pas un herboriste, fût-il musulman, dans toute la contrée. Les gens meurent là dedans comme ils naissent, sans qu'on s'en préoccupe.

Après tout, puisqu'on n'y peut rien? Tel est le raisonnement logique auquel sont amarrés ces pauvres diables.

La population du ponton a failli plusieurs fois mourir de faim. Personne n'osant descendre à terre, on est obligé d'attendre qu'il vienne de la mer un secours quelconque.

Or, l'autre semaine, les rations étaient on ne peut plus réduites. Chaque homme et chaque femme avait *une tomate* par tête et par jour pour toute nourriture.

Les enfants, une tomate pour deux.

Heureusement l'amiral Garnault arrivant à Sfax s'informa de la situation de Djerba, et quand on lui décrivit l'état lamentable du ponton, il envoya du biscuit et des olives par un petit bateau de commerce. C'est du moins à l'amiral que les habitants du ponton attribuent ce secours inespéré.

Tel est le cas des Européens de Djerba.

Il faut espérer qu'en occupant Gabès, la flotte viendra visiter ces pauvres gens et leur faire réintégrer leur domicile à terre sous la protection du pavillon français.

D'ailleurs, à Djerba, tout s'est passé en menaces, et la situation de l'île rend la répression d'un soulèvement très facile. Il y a donc lieu de penser que la poudre ne brûlera pas en vue d'Oumt-Souk, et qu'il suffira de la présence d'un cuirassé pour rendre à ces pauvres diables de la *Mater* la sécurité qu'ils ont totalement perdue.

La France compte à Djerba un agent consulaire qui est bien le type le plus curieux de toute la côte.

C'est le sympathique Achmet-ben-Brahim, à la barbe noire, au nez en bec de corbin, aux yeux en vrille et aux lunettes diplomatiques. Vêtu d'une gandourah rouge et verte, enturbané de jaune et de blanc, Achmet-ben-Brahim représente à Djerba la République française. Il faut dire à sa louange qu'il représente également le Royaume-Uni de Grande-Bretagne et d'Irlande, l'empire d'Allemagne, le royaume de Grèce, l'empire d'Autriche, les Etats-Unis d'Amérique, la Suède, la Norwège, la Russie, la Suisse, la Chine, le Pérou, tout !

Achmet-ben-Brahim, homme au sourire fin et profondément politique, est un cumulard.

Et notez, lecteur, qu'il a un grand mérite à cumuler ainsi. Il ignore, en effet, aussi parfaitement le français que l'anglais, l'allemand, le russe, et le reste.

C'est un Maure pur-sang qui a eu la bonne idée de se mettre dans la diplomatie au lieu de cueillir des olives.

Il est mon ami, je suis le sien.

Nous nous sommes compris par signes. Et c'est en faisant boum, boum, pjjjj, pâle imitation du bruit produit par les obus, que j'ai fait comprendre à cet agent de M. Barthélemy Saint-Hilaire, la façon impitoyable dont Sfax avait été châtiée.

Profondément impressionné, il a déclaré que les Arabes de Djerba resteraient tranquilles, et que bientôt le calme serait revenu dans son île.

Je l'ai quitté sur cette promesse, et j'ai fait route pour Tripoli.

Là l'état des esprits est très violent.

Il suffit d'y passer pour s'en convaincre. Les Européens racontent sur les Turcs des anecdotes qui sont caractéristiques, et dont on n'a guère idée en France. Assurément les Turcs de qualité qui gouvernent à Tripoli nous sont hostiles. Ils disent que non, mais de leurs déclarations on sait ce que vaut l'aune.

Tout ce qu'ils peuvent faire pour mécontenter le Bey de Tunis et les Français, ils le font. D'où vient cette animosité? De Constantinople. Cependant les ministres du sultan se déclarent blancs comme neige. C'est là toute la politique musulmane. On appelle cela, en diplomatie, la ruse orientale. C'est un mot bien plus gros qui caractériserait exactement la chose.

On ment dans ce pays, à propos de tout. La base de la religion, c'est le mensonge. De tout ce que disent les Turcs, je pense qu'il ne faut rien croire. Veulent-ils faire la guerre aux Français ? Ce serait folie. Sont-ils poussés par une puissance jalouse, l'Angleterre ? On le suppose par ici. Mais par ici, on n'est pas bien versé dans les intrigues des cabinets. On ne juge les choses que par ce qu'on en voit. Or, voici se qui se voit à Tripoli depuis trois mois.

Le port, qui n'est pas grand et dont l'accès est contrarié par des rochers à fleur d'eau, contient dans sa passe étroite deux vaisseaux turcs ; une frégate cuirassée et une corvette.. Les officiers turcs qui commandent ces vaisseaux sont évidemment excités par Nasif-Pacha, le gouverneur de la province, ou par d'autres, et croient à leur mission exterminatrice, car ils montrent leurs hommes, matelots et soldats de débarquement, avec une insistance comique.

Les moindres prétextes sont bons pour mettre tous les canots à la mer, descendre à terre, passer une petite revue, aller à la mosquée. On remonte à bord ensuite, et M. Féraud, le courageux et intelligent consul de France à Tripoli, est censé édifié par cette belle démonstration.

C'est grâce à l'attitude toujours correcte de ce

consul que plus d'une difficulté a été aplanie. Car il ne faut pas s'y tromper, notre mission, à Tripoli, est d'aplanir. L'occupation de la Tunisie entière suffit à la « gloire de nos armes », par le temps qui court, et un petit conflit à Tripoli serait du goût de bien peu de gens.

Pour les Turcs, ils cherchent à nous vexer, quand ils n'aident pas de leurs promesses — fallacieuses, du reste — les habitants de Sfax. Quelqu'un de Tripoli avait en effet promis aux habitants de Sfax le concours de la flotte turque. Il y a trois Arabes en prison, qui ont été porteurs des lettres annonçant ce concours aux Sfaxiens.

A telles enseignes que lorsque l'escadre de l'amiral Garnault est arrivée en rade de Sfax, les insurgés poussèrent des cris de joie, croyant que c'était la flotte du Prince des Croyants qui venait les secourir. Dix anecdotes sont là pour témoigner de l'hostilité des Turcs contre les Français.

On débarque beaucoup de munitions à Tripoli, et les Turcs fortifient leurs remparts, qui sont semblables à tous ceux des autres villes arabes. Le mois dernier, c'est un chargement de fusils qui a été débarqué et enfermé dans les forts. La semaine dernière, c'est une cargaison de douze canons de la maison Krupp qui a été très ostensiblement débarquée et installée sur ces mêmes forts.

La colonie française n'est point nombreuse à Tripoli, et les interêts français y sont, au surplus, relativement peu importants.'

Ce que certains journaux ont imaginé, par exemple, c'est que Tripoli doit, après Sfax, après Gabès, après Djerba, « tomber sous nos coups ».

Halte-là! Nous pourrions aller ainsi jusqu'au Caire en suivant la côte, et jusqu'en Syrie.

Voilà des gens soumis aux Turcs. Laissons-les dans leur turquerie. Ils n'aiment pas que les Français occupent la Tunisie, parce que les armées européennes précèdent toujours les chemins de fer, qui coupent la route aux caravanes séculaires. C'est bien un peu leur droit, — si ce n'est leur devoir, — de Tripolitains.

Le Bey de Tunis est le dernier des hommes pour les Turcs de Tripoli, parce qu'il a secoué le joug, bien platonique d'ailleurs, de l'empereur ottoman.

Il est encore pis que le dernier des hommes pour les Arabes du désert, qui voient dans le protectorat français une modification de la vie arabe, dans un temps donné. Que peut-on faire à cela? C'est bien de leur affaire que tous ces Turcs-là s'occupent, et point de la nôtre. Laissons-les donc chez eux.

— Mais ils excitent les Arabes à la révolte contre le Bey !

— Mais Tripoli est un foyer de revendication musulmane !

— Mais Tripoli est le camp des fanatiques, d'où les émissaires secrets partent pour soulever les tribus tunisiennes !

C'est relativement vrai ; mais nous châtions ces Arabes révoltés contre le Bey ; nous éteignons à coups de canon ces revendications, et nous faisons fusiller les émissaires secrets, quand il s'en trouve ; par conséquent, tout se passe régulièrement.

Parce que Tripoli renferme des fanatiques, nous n'allons pas, je suppose, entamer la guerre avec l'empire ottoman. Les excitateurs se réfugieraient alors à Stamboul, et c'est vers le Bosphore qu'il faudrait pourchasser ces marabouts insaisissables.

L'intérêt du sultan est peut-être d'exciter les Tripolitains. Celui de la France est de dédaigner ces excitations. Si les Arabes de Tunisie, soumis maintenant à notre juridiction, subissent ces excitations en commettant des délits, qu'on les punisse sévèrement en Tunisie. Mais ce serait folie que d'aller interdire aux Turcs, maîtres incontestés de Tripoli, de faire dans cette province ce que bon leur semble, et de s'y fortifier, si tel est leur bon plaisir.

Les démonstrations turques sont aujourd'hui comme les convulsions dernières d'un moribond.

En quoi nous gênent les accès de l'homme malade?

Ne sommes-nous pas plus forts que lui?

Laissons-le donc se débattre sur ses terres. Ses années sont comptées, et il ne peut nous nuire.

CHAPITRE XXVII

Gabès. — L'occupation. — Toujours la marine. — Rivalité des terriens et des marins. — Moral des troupes. — N'insistons pas.

J'étais arrivé à Sfax comme le 77e de ligne, quarante heures après l'assaut ; le même hasard a fait que je suis passé pour la première fois dans le golfe de Gabès deux jours avant l'escadre. J'avais même dû m'abstenir de descendre à Gabès, aucun bateau n'y faisant plus escale depuis huit jours.

Les têtes des Arabes de Gabès étaient tellement surexcitées que leur gouverneur avait purement et simplement interdit l'approche de la côte à tous les Européens.

M. Sicard, consul de Gabès, avait été envoyé de Sfax à Gabès sur le *Desaix* par l'amiral Garnault, pour essayer de parlementer. Le *Desaix* s'approche de la côte ; on parlemente en effet du bord avec les gens de terre, mais on n'obtient d'eux qu'une variante en arabe de la tirade attribuée à Mirabeau : « Allez dire à votre maître, etc. »

Le *Desaix* rallia l'escadre, et c'est sans doute cette promenade infructueuse qui a décidé le gouvernement à opérer le deuxième bombardement de cette campagne dite « de la marine ».

L'escadre partit de Sfax dans un ordre magnifique. Les Anglais étaient fort étonnés de cette mise en marche.

A la nuit close, nos vaisseaux entraient dans le golfe de Gabès ; et, au petit jour, les quinze mâtures échangeaient les signaux de combat. On se préparait au débarquement.

Devant la ville, devant notre flotte, s'étendait le rivage plat et jaunâtre de Gabès, étalé sur une mer bleue, toujours un peu houleuse. Autour des bancs de ce parage, l'entrée de la rivière l'Oued-Gabès, et cette rivière même, qui vient du Sud, sépare les diverses agglomérations d'Arabes qui composent ce qu'on appelle Gabès.

Il y a trois agglomérations, ou, si l'on veut,

trois villages : à droite de l'escadre, les maisons de Dzara, confinant à l'oasis de Gabès, foyer de la révolte; à gauche de l'escadre, et par conséquent sur la droite de la rivière, un fortin sans importance, la maison du gouverneur et le deuxième village, appelé Mentzel. Beaucoup plus à gauche de l'escadre, toujours sur le littoral, se trouve le village de Marap. C'est le troisième et dernier morceau de Gabès.

L'opération n'a pas été longue en cet endroit, et la résistance relativement faible des insurgés a permis de s'établir à terre sans encombre. L'escadre prend position, faisant face à la rivière; son aile droite extrême est marquée par le petit bâtiment le *Léopard*, à côté duquel les canonnières *Hyène*, *Gladiateur* et *Chacal* forment un premier demi-cercle.

Comme à Sfax, derrière ces canonnières, mais cette fois à trois milles de terre au plus, se forme le deuxième demi-cercle composé des gros cuirassés : la *Reine-Blanche*, le *Friedland* et la *Revanche* forment la droite ; le *Colbert*, le *Trident*, la *Surveillante* et le *Marengo* forment le centre ; la gauche est formée par le *La Galissonnière*, le *Desaix*, le *Voltigeur* et l'*Hirondelle*.

Il est cinq heures du matin; les compagnies de débarquement prennent place sur les chalands et dans les embarcations ; on n'aperçoit aucune troupe sur le rivage et on suppose avec juste raison, que les Arabes se sont fortifiés dans le village de Mentzel.

Les 1,200 hommes de débarquement mettent pied à terre et s'avancent aussitôt vers les trois agglomérations de Gabès, ayant pour principal objectif la maison du gouverneur, le fortin et Mentzel.

Lorsqu'ils approchent du petit fort, on aperçoit les Arabes, et ceux-ci commencent aussitôt la fusillade.

Les compagnies continuent à s'avancer sans désordre et font une première décharge qui engage véritablement le combat.

Un feu roulant de coups de fusil s'établit pendant une demi-heure, mais les Arabes ne peuvent tenir devant l'assaut des marins, et la position est emportée.

Sept hommes de l'escadre sont tombés bles

sés, et deux d'entre eux le sont assez grièvement. Les Arabes qui ne se sont pas fait tuer sur place s'enfuient vers les jardins fortifiés qui, comme à Sfax, font de l'oasis une véritable redoute, longue de plusieurs kilomètres.

La position de Gabès une fois occupée, l'amiral détache le *Voltigeur*, qui part pour Tunis, où il a mission de remettre la nouvelle au ministre de France.

On revient au rivage, où les compagnies de débarquement de la *Reine-Blanche* et du *La Galissonnière* prennent leur campement. Elles attendent là que les troupes envoyées de Toulon viennent les relever.

Telle fut, en quelques lignes, cette campagne de la marine sur les côtes de Sfax et de Gabès.

Elle a fait éclater de petites querelles, de singulières rivalités entre l'armée et les marins ! On a vu là de curieuses contestations : les colonels se fâchant parce que les capitaines de vaisseau s'occupaient, disaient-il, de leurs affaires, les capitaines regardant d'un œil inquiet les lieutenants de vaisseau, les lieutenants souriant de l'emploi fait sur la terre ferme des enseignes et des aspirants, les *troubades* jalousant les *marsouins :* tout cela sans aigreur, mais avec une petite pointe de rivalité bébête. Voilà un spectacle auquel je ne m'attendais pas.

Il n'en reste pas moins acquis que si les marins se sont bien battus, les troupes se sont bien battues aussi, que tout le monde a fait son devoir, et qu'au feu les hommes de terre et de mer se sont confondus dans un élan digne de la vieille réputation française.

Il est curieux de constater que le moral des troupes françaises est aujourd'hui ce qu'il était autrefois. Le soldat est toujours gai, insouciant, malgré les privations.

Je n'en dirai pas autant de la discipline, qui me paraît atteinte. Non pas qu'il se produise ici des actes d'insubordination. Mais je trouve que par suite d'un relâchement général dont je n'ose rechercher la cause, les officiers sont trop tolérants pour les mille et une fautes des soldats, qu'on appelle des peccadilles. Le soldat d'aujourd'hui, ce jeune homme qui passe à peine trois ans sous les drapeaux, est beaucoup plus raisonneur que le vieux grognard d'autrefois. Ce jeune soldat cause beaucoup ; il cause très haut, parfois sous les armes ; et devant ses officiers il s'exprime avec une excessive liberté de parole. J'ai entendu des soldats critiquer les actes du gouvernement — devant leurs sergents, toujours, — devant leurs officiers, quelquefois, ce qui est absolument destructif de tout ordre disciplinaire.

Les officiers ne disent rien. Quelques-uns punissent ; il paraît qu'on leur dit en haut lieu qu'ils ont tort. Je ne parle pas seulement des colloques sur la politique ; on en tient d'autres sur « un tas d'affaires », comme dit Onésime Boquillon. Et tous se ressemblent par le tour singulièrement agressif que leur donne le militaire contemporain.

C'est triste ; n'insistons pas.

Mais je crois que le mal vient de l'organisation nouvelle, qui est malheureuse à tous les points de vue. Je crois que M. Thiers seul avait raison, en demandant l'amélioration de la loi de 1832, au lieu de cette loi allemande que l'Assemblée de 1871 nous a infligée.

CHAPITRE XXVIII.

Les gens de Sfax et les Maures d'Espagne. — Les clefs de Grenade chez les Sfaxiens. — Histoires typiques. — La croix dans la mosquée. — Le cadavre de la nonne.

Les habitants de Sfax, j'entends les Maures, aussi bien ceux qui se réfugièrent avec leur vieux gouverneur Djellouli sur l'*Alma*, que ceux qui s'insurgèrent contre le traité de Kassar-Saïd, sont les plus authentiques descendants des Maures d'Espagne. Ils luttent, pour le nombre et la qualité des ancêtres Ibères, avec leurs compatriotes bien habillés et superbes du bazar de Tunis. Il faut les entendre conter, avec une gravité qui n'a rien de comique puisqu'ils font en somme de la parfaite histoire, l'épopée de leur race et les projets qu'ils nourrissent de reconstituer un jour l'Empire de leurs pères. Tous sont persuadés qu'un jour viendra où les Maures de Tunisie, descendants des tribus chassées d'Espagne, feront leur rentrée triomphale dans les jardins de l'Al-Kazar, délices des rois Maures, chantés d'une façon si connue par Donizetti. Ils comptent sur une renaissance de la gloire des Almoravides, et plusieurs vieillards, chefs de famille autorisés, conservent dans leurs maisons de Sfax les clefs des maisons que leurs ancêtres habitaient à Grenade.

Rien de touchant comme cette espérance patriotique, entretenue par l'ignorance profonde de toute chose où vivent les Maures.

Ce pays est d'ailleurs le pays des croyances profondes. On sent que le fanatisme de toutes les religions s'y développerait aussi largement que celui de l'islam. Sous un soleil de feu, les cerveaux s'échauffent, et dans la contemplation du ciel uniformément bleu, la croyance prend des proportions héroïques.

Deux histoires typiques m'ont été contées sur ce rivage, celle du curé de Sfax et celle de la nonne de l'*Alma*.

Le curé de Sfax est un moine catholique, maltais. Le lendemain de la mort de l'aspirant Léonnec, il s'adressa à l'amiral Garnault pour lui exposer que l'église ayant beaucoup souffert du bombardement, il serait imprudent d'y célébrer un service funèbre.

— Où célébrer le service, alors? demanda l'amiral.

— C'est bien simple, reprit le moine avec un éclair de joie dans les yeux. Nous avons tout près du rivage une mosquée de second ordre, qui, à défaut de la grande mosquée, occupée par les troupes, nous servira de temple provisoire...

— Une mosquée, monsieur le curé?

— Une mosquée, amiral.

— Mais c'est un temple hérétique.

— La croix purifiera le temple hérétique.

— Soit, monsieur le curé. Faites le nécessaire.

Et le service funèbre fut célébré, conformément à l'espérance secrète du moine, dans la deuxième mosquée, près du rivage.

Le curé de Sfax racontait à un officier cette histoire, qui fera la gloire de sa carrière. Ses paroles enfiévrées se succédaient dans un discours emphatique et désordonné.

— Ainsi fut fait, terminait-il en se levant et en regardant le ciel. Je puis mourir maintenant, j'ai porté la Croix dans la Mosquée!

On sent que toute l'existence de ce moine est là, dans cette victoire de la Croix sur le Croissant. Il a dû retirer son autel le lendemain, il a dû retirer la croix et quitter la mosquée pour la rendre aux Sfaxiens. Il savait d'avance que les choses se passeraient ainsi, peu lui importait. Son Dieu avait triomphé du Prophète hérétique, un jour, une heure. Il avait porté la Croix dans la Mosquée!

J'ai comme une vague idée que ce curé maltais portera plus tard la peine de son audace. Mais s'il meurt sous la balle vengeresse d'un musulman dont son propre fanatisme a profané le temple, il mourra encore content d'avoir fait ce qu'il croit être son devoir.

L'histoire de la nonne est dans un autre genre :

Pendant que les Européens de Sfax étaient réfugiés à bord de l'*Alma,* les moines et les nonnes des deux couvents qui sont édifiés sur ces rivages, depuis de longues années déjà s'étaient également réfugiés sur la corvette cuirassée.

Deux jours avant le bombardement, alors qu'on attendait en rade l'arrivée des escadres combinées, l'une des nonnes vint à mourir à bord. Le commandant Miot fit venir l'un des moines qui habitaient le stationnaire français, et le dialogue suivant s'engagea entre l'officier supérieur et le moine, maltais comme le précédent, fervent catholique, et fort ignorant de la langue française.

— Carissimo padre, lui dit le commandant, en tâchant de donner à son français une couleur italienne, je vais vous apprendre une nouvelle qui vous sera pénible à entendre, mais vous serez malheureusement forcé de vous plier aux circonstances. La sœur qui vient de mourir ne sera pas enterrée.

— Et per che, signor commandante?

— Parce que c'est impossible. Je ne puis commencer les hostilités par cet enterrement qui ne servirait à rien d'ailleurs, car le cadavre de la malheureuse nonne serait immédiatement retiré de la terre et mutilé par les insurgés. Au surplus, j'ai l'ordre de n'avoir aucune communication avec la terre avant l'arrivée de l'amiral et le bombardement.

— Ma, signor commandante, egregio signor commandante!..

— Impossible, carissimo padre. Je suis désolé, mais c'est impossible.

Le moine eut un instant de désespoir muet.

— Mes règlements, reprit le commandant, m'obligent à *mouiller*, comme nous disons, le cadavre dans la rade.

— Mouiller?

— Oui, à le glisser dans la mer. Cela se fera dignement, n'en doutez pas, avec toute la régularité et tout le cérémonial religieux en usage. On mettra la nonne dans un sac, et on la jettera à la mer avec un boulet rivé au pied...

— Ah! bone Deus! Egregio signor!

— Calmez-vous; il faut en passer par là.

Le moine réfléchissait. Il eut alors une inspiration.

— Accordez-moi deux heures, dit-il enfin au commandant.

— Qu'allez-vous faire?

— Vous verrez, je ferai quelque chose de digne, signor commandante...

— Vous avez les deux heures demandées.

Au bout de ce délai, le moine revenait à bord, essoufflé. Il avait pris une barque ; il était allé au milieu de la rade conférer avec les Maltais qui passaient la nuit et le jour sur leurs vieilles péniches, par peur des Arabes. Il ramenait un de ces Maltais avec sa péniche.

Le Maltais avait promis de prendre à son bord le cadavre, de franchir la distance qui sépare Sfax de Mehdia, et d'enterrer à Medhia, dans le cimetière Européen, la malheureuse nonne.

Le commandant n'avait pas d'objection à présenter. Il accepta l'offre du moine.

On fit une cérémonie religieuse à bord de l'*Alma*, puis le corps fut confié au Maltais, qui mit à la voile.

Le thermomètre marquait 42 degrés à l'ombre. Il était midi. Les rayons éclatants d'un soleil de feu tombaient surla mer et la chauffaient comme une étuve. Le Maltais fit le signe de la croix, prit labarre de sa péniche etpartit avec le cadavre, dans la direction de Mehdia. Le vent étant faible, il mit toute l'après-midi, la nuit entière et la matinée du lendemain pour aller à Mehdia.

Là, il trouva un navire de guerre italien qui stationnait. Il alla trouver le commandant et lui *déclara* le corps de la nonne, qui fut enterré aussitôt sur le bord de la mer, avec les prières du clergé de la bourgade.

Le moine et le pêcheur étaient satisfaits : la nonne reposait sous la terre.

Et le Maltais, qui n'avait rien voulu recevoir du moine, revint à Sfax en disant des prières. Il avait passé vingt-quatre heures seul sur l'océan avec le cadavre, dont l'odeur incommodait, a-t-il dit plus tard, les fossoyeurs eux-mêmes.

CHAPITRE XXIX.

Retour à Tunis. — Situation nouvelle. — Troisième expédition nécessaire. — La ville à prendre. — Kairouan. — Le seul coupable.

Me voici revenu à Tunis. La température ne varie pas ; mais trois semaines s'étant écoulées, la situation politique a singulièrement changé.

Aux objurgations des gens sages qui lui demandent d'occuper Tunis, et de pallier le retrait inepte des anciennes troupes par un emploi démonstratif des troupes nouvellement envoyées de France, l'être malfaisant qui trône encore au ministère de la guerre répond par des fins de non-recevoir.

Il ne s'agit plus seulement d'occuper Tunis, il faut reconstituer les brigades qu'on avait organisées dans le pays des Kroumirs, et s'apprêter à faire un mouvement dans la Tunisie intérieure, garder le Nord, garder la vallée de la Medjerdah, tenir la côte orientale sous le sabre, et faire partir de tous ces points des colonnes convergeant sur Kairouan, la ville sainte, afin de frapper l'insurrection qui se développe au cœur même du pays musulman. La prise de la ville sainte, où dort, sous les dalles de la grande mosquée, le barbier du Prophète, est l'objectif nouveau. Dans toutes les guerres imaginables, il y a toujours une ville à prendre, pour la piller ou pour la brûler, pour produire un effet moral ou pour effacer les vestiges même d'une race. Pour Napoléon, c'est Moscou ; pour les Barbares, c'est Rome ; pour les Allemands, Paris ; pour les Romains, Carthage ; pour les cinquante mille hommes que nous devrions avoir dans ce pays, c'est Kairouan.

Le ministère de la guerre le sait, et il envoie si peu de troupes qu'on jurerait qu'il est payé par les pires ennemis de la France pour préparer notre désarroi. On assure que tout cela va changer. Espérons le, ô mon Dieu ! Mais quelle triste chose qu'un pays gouverné par des hannetons ! Tout s'y fait à la diable, sans méthode, sans réflexion, au dernier moment, parce qu'on s'est ravisé, parce que les gens compétents réclament, parce que les gens compétents deviennent pressants.

Voilà une campagne qui avait été menée bravement par nos troupes, et sagement couronnée. Le traité de Kassar-Saïd, traité qui consacrait en Tunisie la suprématie de la France, le succès de notre influence sur l'envieuse Italie, nous obligeait à occuper le pays un an ou deux pour assurer son exécution, réorganiser les services administratifs de la Tunisie, l'armée, les finances, protéger le commerce et habituer l'Arabe des plaines à cet état de choses nouveau dont il n'eût point souffert. Les populations tunisiennes sont tellement volées par les beys qu'un percepteur européen, sage et intègre, leur apparaîtra comme l'envoyé direct de Mahomet.

Nous pouvions consacrer de longs mois à l'œuvre de pacification et de civilisation de ce pays, voisin et tributaire du nôtre, y employer de nombreuses intelligences, de gros capitaux, ces deux facteurs élémentaires de la fortune publique.

Aussitôt le mauvais génie est accouru.

Il a soufflé sur la nuque de Farre, et Farre est devenu plus hanneton que jamais. Pour avoir sa « Rentrée des Troupes », à la façon de l'Empire, il rappelle toute l'armée de Tunisie. Aussitôt les troupes parties, les Arabes se révoltent. Et comme ils ne voient rien venir de bien inquiétant à la suite de leurs exploits premiers, ils continuent ; ils développent l'insurrection. On persiste à leur envoyer quatre hommes et un caporal, alors qu'il faudrait de l'artillerie et de la cavalerie. Alors la Tunisie pillarde se met en branle, et nous voilà avec une guerre d'Afrique sur les bras, guerre aussi complète que celles de Bugeaud en Algérie.

Constatons que nous avons eu trois expéditions au lieu d'une, par la faute de nos maîtres :

1° Celle des Kroumirs ;

2° Celle de la marine, à Sfax, Gabès et Djerba ;

3° Celle de Kairouan.

Sans compter les combats de la Medjerdah, autour du Kef et autres.

Je ne suis pas de ceux qui s'étonnent bruyamment de voir les choses durer si longtemps.

Une guerre en Orient est interminable. L'Arabe est tenace. Il fuit devant le fusil Gras, et tire de loin. La bataille rangée à la mode européenne n'existant pas en Afrique, on ne saurait prévoir la fin de cette lutte. Mettez 400,000 Allemands contre 400,000 Russes, vous pourrez prévoir la date à laquelle les hostilités cesseront, au besoin faute de combattants.

Mettez 50,000 Français contre 50,000 Arabes en insurrection, vous ne pourrez dire où ni quand sera la victoire.

Il n'y a pas de victoire. C'est une correction constante à coups de fusil, de ceux-ci par ceux-là. Mais à mesure que ceux-là canardent, ceux-ci fuient à toute vitesse vers le désert. Et chaque jour voit recommencer ce combat de la batterie ou des fusils perfectionnés contre des fantômes blancs, qui s'agitent en brûlant de la poudre et disparaissent perpétuellement pour revenir deux jours après.

Le pis est qu'en France, je le vois par la lecture des journaux de toute nuance, on s'énerve et on accuse tout le monde de ces lenteurs.

Dans notre pays, quand on n'apporte pas au peuple les clefs de Sébastopol sur un plateau, on est perdu.

Peu importe à ce peuple orgueilleux de Paris, je ne parle que de celui-là, car le peuple de la France, heureusement, attend avant de juger, que les clefs de Sébastopol aient coûté la vie à trente mille pauvres soldats, morts de misère, de fièvre et de froid dans les glaces de la Crimée. Il a les clefs, il peut se dire vainqueur, il est fier, il est content.

Il est bête.

Mais que si vous lui faites traîner son expédition de Tunisie un peu plus que trois mois sans remporter des victoires, chaque soldat qui attrape la fièvre typhoïde ou la dyssenterie est un martyr, chaque général qui ne tue pas cinq mille Arabes par jour est un traître, et M. Roustan, devenu le bouc émissaire de toute cette « sinistre équipée » — (avec des triomphes bruyants c'eût été la « glorieuse expédition ») est accablé de brocards, d'injures, d'insultes.

Les plus niais s'écrient :

— Quand on se met dans ces machines-là (lisez : quand on fait des expéditions de ce genre), il faut vaincre ou ne pas s'en mêler !

C'est une variante de : Vaincre ou mourir.

Adorables théoriciens, qui conduisent les armées du coin de leur feu, à Batignolles ou aux Ternes, — d'où ils ne sont jamais sortis que pour aller voir la revue à Longchamps !

Cette expédition de Tunis a pourtant mis à nu toutes nos plaies.

Depuis 1870, on n'a rien fait.

Depuis 1870, on n'a enregistré aucun progrès.

Depuis 1870, nous sommes toujours aussi enchaînés à l'intendance, au génie, aux services administratifs, à une foule de routines scandaleuses, comiques, si elles n'étaient trop souvent tragiques.

Depuis 1870, pas un ministre de la guerre n'a pu nous donner une armée.

Voilà ce qu'il faut dire en levant les bras au ciel ; mais est-ce par la faute de M. Roustan ?

CHAPITRE XXX.

Conclusion. — Accusations ineptes. — Le dessous des cartes. — Réflexions générales. — Protestation de l'auteur. — Verdict de l'opinion.

Ce livre n'est qu'un modeste album de tableaux tunisiens, dessinés sur place, et crayonnés au fur et à mesure qu'ils impressionnaient l'auteur. On a dit en commençant qu'il n'était ni un livre d'histoire, ni un procès-verbal d'opérations militaires, mais une simple étude de mœurs, si le qualificatif n'est pas trop ambitieux pour la chose.

On m'accuserait cependant, — et à bon droit, — d'indifférence, si je ne disais quelques mots d'un incident qui s'est produit à Paris, en septembre 1881, alors que M. Roustan, appelé par le gouvernement et justement félicité par les ministres de son attitude, rejoignait déjà son poste. Un pamphlétaire qui a eu de bons moments, et qu'on a vu parfois mieux inspiré, accueillait pour les besoins d'une cause déplorable le tissu le plus extraordinaire qui soit, de calomnies odieuses et d'imputations mensongères à l'adresse de notre ministre à Tunis.

Quelques naïfs emboîtaient le pas à M. Rochefort, et une ignoble clameur s'élevait des officines les plus diverses. Tout ce qui n'avait pas été décoré du Nicham-Ifticar par le consul de France à Tunis, se mettait à crier haro sur M. Roustan. Avec la stupide injustice des gens qui accusent toujours, en France, n'importe qui de n'importe quoi, lorsque les victoires ne succèdent pas aux victoires, un lot de polémistes ignorés et de diplomates sortis des cadres se ruait sur la malheureuse question tunisienne.

Tout ce qui, en 1870-71, avait crié que nous étions *trahis par les chefs*, se coalisait instinctivement contre les gens qui avaient été les premiers mis en lumière par les événements de Tunis.

M. Roustan, qui avait été « un diplomate énergique, soucieux de ne pas nous laisser envahir et déborder par les Italiens », n'était plus qu'un simple escroc du grand monde. On le comparait à Jecker. Il avait mené la France aux désastres d'un nouveau Mexique pour gagner quelques millions avec lesquels il irait mener la grande vie.

Dans ce baquet de saletés, la bêtise le disputait à l'insolence, — insolence facile avec un homme qui venait de prendre le paquebot à Marseille et qu'on n'avait point attaqué — par une bizarrerie inexplicable — pendant les quinze jours qu'il était venu passer à Paris.

L'affaire tunisienne était « un vol compliqué d'assassinat », et rien d'autre.

En Tunisie comme au Mexique, — dit le journal de M. Rochefort — « l'influence de la France est le prétexte », et dans l'un comme dans l'autre pays « il s'agit de convertir en argent et en or français des bons souscrits par certains ministres peu scrupuleux à des personnages qui ne le sont pas davantage ».

Une feuille de chou considérait l'expédition de Tunisie comme une « aventure » qui a eu pour « origine et pour cause les âpres convoitises » de sociétés financières aux spéculations desquelles M. Roustan « tendait la main ».

Une autre concluait également que la guerre tunisienne était la résultante d'une « plaie toute financière venue de Paris » et inoculée à la Tunisie par M. Roustan.

Une autre y montrait l'œuvre de banquiers qui ont voulu faire un fructueux coup de Bourse sur les obligations tunisiennes.

Ces accusations, étayées de prétendues révélations, n'impliquaient pas seulement les responsabilités individuelles des hommes qu'elles prenaient à partie. Elles mettaient en cause la probité de la politique qui a déterminé l'expédition de Tunis.

M. Rochefort faisait remonter la pensée première d'une expédition en Tunisie à 1871. Un banquier d'origine allemande, et ayant de très grands intérêts engagés à Tunis, avait fait, à cette époque, des démarches auprès du gouvernement allemand pour obtenir son immixtion effective dans les affaires de la Régence. Mais on avait vu, à Berlin, de quelles charges hériterait le gouvernement qui se mettrait aux lieu et place du Bey, et on s'était refusé à appuyer les demandes du réclamant.

Le « personnage qui a longtemps appartenu au monde diplomatique », et dont l'*Intransigeant* reproduisait « cette première révélation », aurait dû, disait judicieusement le *Temps*, l'appuyer au moins d'une indication quelconque. Il lui suffit de poser le fait qu'il avance comme un axiome diplomatique.

Le « diplomate » faisait ensuite intervenir dans ses révélations l'emprunt français dont « le succès prouva, dit-il, que l'on pourrait tirer de la France bon nombre de millions ». Le banquier qui avait émis l'emprunt tunisien, songea alors à intéresser au sort des *bons* dont il était porteur le représentant de la France, M. Roustan.

Voici alors ce qui s'était passé : MM. Gambetta et Roustan — de connivence évidemment avec ce banquier — avaient formé une association dont le but était de faire tomber au prix du papier les obligations de la Dette tunisienne et « de les racheter ensuite pour quelques liards ». Mais comme jamais le Bey n'aurait eu les 200 millions nécessaires à leur remboursement, il fallait amener le gouvernement français à intervenir dans la Régence et à prendre ensuite à son compte le payement des obligations tunisiennes, préalablement converties en trois pour cent.

« Voilà pourquoi — s'écriait M. Rochefort — cinquante mille de nos soldats sont allés mourir là-bas d'insolation et de misère ! »

Tel est le canevas du drame qui avait été *révélé* à l'*Intransigeant* et que ce journal publiait dans son numéro du 27 septembre sous le titre : *Le secret de l'affaire tunisienne.*

Sur ce canevas, il a été brodé une série de dessins variés. On voyait apparaître un ministre tunisien, Sidi-Mustapha-Khasnadar, que M. Roustan associait à la combinaison et qui dut abandonner le pouvoir en 1873, devant les découvertes compromettantes de la commission financière. Or M. Roustan n'a été nommé au poste de Tunis qu'en 1875, deux ans après la chute du « ministre prévaricateur ».

On nous montrait ensuite les menées politiques de M. Roustan, s'efforçant de déconsidérer les obligations tunisiennes et de leur faire perdre toute valeur, afin qu'elles se trouvent réunies entre les mains de « l'association », le jour où la France, débiteur solvable, eût été amenée à se substituer au Bey de Tunis, « débiteur d'une incurable insolvabilité ».

Tous ces cancans, potins et bavardages diffamatoires peuvent en somme se résumer ainsi :

« M. Roustan est un simple boursicotier vé-
« reux, un agioteur, un filou ; et il a jeté la
« France dans une aventure déplorable pour se
« faire des rentes. »

Or, je tiens à ce que ce livre ne paraisse point sans qu'une protestation, énergique au delà de toute expression, y demeure consignée.

A cette place, je tiens à dire publiquement que de tous ceux qui ont vu notre jeune et courageux ministre à l'œuvre, personne n'hésiterait à le défendre, s'il avait besoin d'être défendu contre les éclaboussures qu'une bande de décrotteurs lui a jetée au visage. M. Roustan est un honnête homme ; M. Roustan est un diplomate de la bonne école et un patriote digne du grand pays de France qu'il représente.

Il y a longtemps — depuis le traité du 12 mai — que je considère sa mission comme terminée de fait ; et, en dépit de son autorité, il a les bras et les poings liés depuis ce jour-là. C'est à partir du jour où sa politique a triomphé qu'il n'a plus été le maître.

Écrasé par la dictature brouillonne d'un Farre, M. Roustan n'est à mes yeux responsable d'aucune des sottises qui se sont accumulées en Tunisie depuis le traité du 12 mai : retrait des troupes pour les mener à la parade douloureuse de Marseille; refus d'occuper Gabès, Sfax et Djerba en juin; refus d'envoyer des renforts avant les élections; refus de confier l'expédition à un général en chef; besoin absolu de tout diriger de Paris, de tout désorganiser, de tout détruire dans l'armée, etc.

N'est-ce pas du 12 mai que datent les difficultés, les mécomptes, les erreurs, les maladresses et les absurdités de toute sorte?

Alors que des voyageurs de cabinet et des politiciens d'antichambre bavent sur l'œuvre de M. Roustan et sur notre représentant à Tunis, je dis, moi, qui ai vu M. Roustan à l'œuvre, à Tunis, que M. Roustan est un honnête homme, et, je le répète, un diplomate patriote, un vaillant Français.

L'opinion publique a fait justice de ses accusateurs, et il n'a que faire, lui, de mon modeste témoignage.

Je le lui envoie néanmoins, parce que ma conscience révoltée me commande de le défendre publiquement.

Je suis certain que ce souvenir le touchera d'autant plus, qu'il est celui d'un passant qui ne lui a jamais rien demandé, — pas même le délicieux Nicham-Ifticar !

TABLE DES MATIÈRES

[library stamp]

[library stamp]

www.ingramcontent.com/pod-product-compliance
Lightning Source LLC
LaVergne TN
LVHW020535230826
846091LV00002B/287

9782019152659